Lexikon

LATEINISCHER MILITÄRISCHER FACHAUSDRÜCKE

VON
MANFRED CLAUSS

LIMESMUSEUM AALEN
ZWEIGMUSEUM
DES WÜRTTEMBERGISCHEN
LANDESMUSEUMS
STUTTGART

THEISS

SCHRIFTEN DES LIMESMUSEUMS AALEN
▶ 52

HERAUSGEGEBEN
VON DER GESELLSCHAFT
FÜR VOR- UND FRÜHGESCHICHTE
IN WÜRTTEMBERG UND HOHENZOLLERN E.V.
MIT UNTERSTÜTZUNG
DES WÜRTTEMBERGISCHEN
LANDESMUSEUMS STUTTGART
UND DER STADT AALEN

ZU BEZIEHEN ÜBER DEN
KONRAD THEISS VERLAG GMBH IN STUTTGART

Mit
Unterstützung
der

STIFTUNG

Landesgirokasse

DIE DEUTSCHE BIBLIOTHEK – CIP-EINHEITSAUFNAHME

CLAUSS, MANFRED:
LEXIKON LATEINISCHER MILITÄRISCHER FACHAUSDRÜCKE /
VON MANFRED CLAUSS. LIMESMUSEUM AALEN,
ZWEIGMUSEUM DES WÜRTTEMBERGISCHEN LANDESMUSEUMS,
STUTTGART, - STUTTGART: THEISS, 1999
(SCHRIFTEN DES LIMESMUSEUMS AALEN; 52)
ISBN 3-8062-1441-7

SCHRIFTLEITUNG: MARTIN KEMKES
SATZ UND PRODUKTION:
VERLAGSBÜRO WAIS & PARTNER, STUTTGART
LAYOUT UND UMSCHLAG:
HANS-JÜRGEN TRINKNER, STUTTGART
LITHO: DIGITAL DATA SERVICE LENHARD, STUTTGART
DRUCK UND BINDEN: DRUCKEREI RÖCK, WEINSBERG
PRINTED IN GERMANY
ISBN 3-8062-1441-7

Inhalt

Vorwort

Der Exercitus Romanus, das taktisch geübte römische Heer, war sowohl der entscheidende Faktor römischer Machtpolitik als auch gleichzeitig Wegbereiter der Romanisierung in den eroberten Gebieten. Ordnung und Disziplin der Soldaten sowie der hohe taktische wie waffentechnische Spezialisierungsgrad waren in der Antike einzigartig.

Den komplexen Strukturen der römischen Armee und deren Entwicklung über die Jahrhunderte gilt seit jeher das besondere Interesse der Altertumswissenschaft. Die wichtigsten Quellen sind dabei ohne Zweifel die Inschriften auf Grab- und Weihesteinen. Ihre reiche Überlieferung bietet einen repräsentativen und vor allem authentischen Einblick, war es doch für den damaligen Soldaten ein besonderes Anliegen, seine Person, seinen Rang und seine Leistungen der Nachwelt zu überliefern. Anders als den damaligen Menschen ist diese so überaus wichtige Quellengattung für viele heutige Betrachter aber nur noch schwer zu entschlüsseln. So eindrucksvoll sprechend die oft detailreichen Reliefdarstellungen der Soldaten auch sein mögen, so wenig verständlich geben sich dagegen die Inschriften mit ihren zumeist stark abgekürzten und in ihrer Bedeutung unbekannten Begriffen.

In der Schriftenreihe des Limesmuseums Aalen erschienen deshalb in der Vergangenheit immer wieder Bände, in denen versucht wurde, den Zugang zu den römischen Inschriften zu erleichtern Ph. Filtzinger, Hic saxa loquuntur - Hier reden die Steine. Nr. 25 (Stuttgart 1980); U. Schillinger-Häfele, Lateinische Inschriften, Quellen für die Geschichte des römischen Reiches. Nr. 28 (Stuttgart 1982); dies., Consules, Augusti, Caesares - Datierung von römischen Inschriften und Münzen. Nr. 37 (Stuttgart 1986).

Mit dem vorliegenden Band soll nun ein weiterer Schritt in diese Richtung getan werden, indem hier mit den militärischen Fachausdrücken eine besonders wichtige Gattung von Fachtermini in der Form eines reich bebilderten Lexikons erschlossen wird. Die kurzen Erläuterungen, die eine schnelle Orientierung ermöglichen, werden dabei durch Quellenangaben ergänzt, die auch dem Spezialisten manche bisher unbekannte Inschrift erschließen.

Dem Autor, Prof. Manfred Clauss, Ordinarius für Alte Geschichte an der Johann Wolfgang Goethe-Universität Frankfurt, sei an dieser Stelle für seine Arbeit ganz besonders gedankt. Neben seinen zahlreich Veröffentlichungen zu Staaten, Gesellschaften und Religionen der Antike, z. B. über Sparta (1983), die Geschichte Israels (1986) und Mithras (1990 und 1992), oder zu herausragenden Persönlichkeiten wie Kleopatra (1995) und Konstantin dem Großen (1996), hat er sich seit seiner Promotion über die Principales des römischen Heeres (1973) und seiner Habilitationsschrift über den Magister officiorum in der Spätantike (1979) immer wieder mit Aspekten der römischen Heeresgeschichte und der Epigraphik beschäftigt. In seinen Arbeiten war er zudem stets bemüht, einem breiten Publikum die rasche Einarbeitung auch in komplexe Themen zu ermöglichen. Davon zeugen sowohl seine Einführung in die Alte Geschichte (1993), als auch auf dem Gebiet der Epigraphik seine 1974 verfaßte Bibliographie zur lateinischen Epigraphik, wie auch seine heute im Internet abrufbare Datenbank lateinischer Inschriften.

Zusammen mit dem Autor wünsche ich, daß das vorliegende Lexikon lateinischer militärischer Fachausdrücke dem an der Alten Geschichte und der Provinzialrömischen Archäologie Interessierten ein brauchbares Hilfsmittel sein möge, mit dem er in Zukunft besser einen Weg durch den Dschungel der in den Quellen auftauchenden militärischen Termini finden kann.

Stuttgart, im Juli 1999

Martin Kemkes

Bei den Umschriften der Inschriften innerhalb der Abbildungsunterschriften werden folgende Zeichen verwendet:

( ) = Auflösung von Abkürzungen,
[ ] = moderne Ergänzungen,
{ } = moderne Tilgungen,
 / = bezeichnet den Zeilenfall.

Einleitung

Zu den Überresten aus der Antike, die in keinem Museum auf dem Gebiet des ehemaligen Imperium Romanum fehlen, gehören die Hinterlassenschaften des Militärs. Nicht zuletzt in den beiden germanischen Provinzen und in Raetien waren die Truppen Wegbereiter der Romanisierung, prägt das Heer das Erscheinungsbild der epigraphischen Zeugnisse. Auf Weih- und Grabinschriften haben sich die Angehörigen der unterschiedlichsten Verbände dieses römischen Heeres verewigt: Soldaten der Legionen, der Hilfstruppen sowie der Flotten, gelegentlich sogar Angehörige der stadtrömischen Verbände. So vielfältig wie solche Einheiten waren die sozialen Gruppierungen, die in diesem gewaltigen Organismus versammelt waren und in unterschiedlichen Positionen ihren Dienst taten: Sklaven, zumindest als Bedienstete auf dem Grabstein eines Reiters mit dargestellt, sind darin ebenso vertreten wie freie Reichsbewohner, die nicht das römische Bürgerrecht besaßen und in den Hilfstruppen dienten, römische Bürger aus den verschiedensten Gebieten des riesigen Reiches, zumeist als Soldaten der legiones, Ritter und Senatoren als Offiziere und Truppenkommandanten. In dieser Hinsicht war das Heer ein Spiegelbild der Gesellschaft.

Dem Betrachter dieser Zeugnisse aus der römischen Zeit will das Lexikon den Weg zu den zahlreichen lateinischen militärischen Fachbegriffen bahnen, die übersetzt und erläutert werden. Den Erklärungen sind jeweils ein Quellennachweis und in vielen Fällen konkrete Textbeispiele mit Übersetzung angefügt, um die Verwendung der Ausdrücke zu veranschaulichen.[1] Dabei stehen die Termini für Chargen, Dienstgrade und Aufgabenbereiche der Soldaten im Mittelpunkt; Ausrüstung, Uniform und Bewaffnung werden nur erfaßt, soweit sie in den Inschriften Erwähnung finden.[2]

Es geht also im wesentlichen um die Begriffe, die in den Inschriften auftauchen, allerdings sind auch solche der Papyri mit berücksichtigt. In die Auswahl aufgenommen sind die literarisch verwendeten Termini, wie sie sich vor allem bei den Militärschriftstellern wie dem um 400 n. Chr. schreibenden Vegetius finden. Mit der Konzentration auf die epigraphischen Zeugnisse liegt zugleich der chronologische Rahmen, nämlich die Kaiserzeit von Augustus (27 v.–14 n. Chr.) bis Diokletian (284–305 n. Chr.), fest.

Die inschriftlichen Hinterlassenschaften des antiken Menschen zeugen von dessen Willen, seine Person und seine Leistung der Gesellschaft, vor allem seinem unmittelbaren sozialen Umfeld, mitzuteilen. Es war bereits eine Demonstration des persönlichen Erfolgs, daß man sich überhaupt eine Inschrift leisten konnte. Hatte man dann außer dem Namen noch etwas aufzuweisen, erhöhte dies das Prestige. Vor allem die Zugehörigkeit zum Militär bot aufgrund der zahlreichen Dienstgrade und Chargen den einzelnen Soldaten ein weites Spektrum von Differenzierungsmöglichkeiten. Und es ist auch ganz im Sinne jener Menschen, wenn wir heute solche Texte studieren; denn nicht selten wird der Betrachter dort aufgefordert: resta, viator et lege, bleib stehen, Wanderer, und lies! (CIL 3, 371)

1 Weitere Belege lassen sich im Internet in meiner Datenbank für lateinische Inschriften finden – http://www.rz.uni-frankfurt.de/~clauss.
2 Vgl. dazu in dieser Reihe den Band Nr. 36: M. Junkelmann, Muli Mariani. Marsch
in römischer Legionärsrüstung über die Alpen, Aalen 1985.

A

ab actis
Soldat, der für die in einem Büro anfallenden Akten der Zivilverwaltung zuständig war (CIL 6, 3884).

a balneis
Soldat, der für die Badeanlagen (→ balneum, thermae) der Truppe zuständig war (CIL 6, 1057).

absens
Soldat, der von seiner Garnison 'abwesend' war (Fink 62).

acceptarius
Soldat, der Land entgegengenommen, 'akzeptiert' hat (AE 1915, 69); vgl. missio.

acceptus
Soldat, der aus seiner alten Einheit kommend in eine neue 'aufgenommen' wurde (BGU 3, 696); vgl. translatus.

a(b) commentariis
→ commentariensis (CIL 6, 33 054).

actarius
Büroangestellter, der die Abrechnungen der Truppe auf dem laufenden hielt (CIL 6, 3401).

actor
Gehilfe (AE 1934, 235).

actuarius
→ actarius (AE 1911, 100).

a curis
→ curagens (CIL 12, 5878 = D 2412).

ad
Mit der Bezeichnung ad ... (zu ...) in Verbindung mit einer Tätigkeit oder einem Ort werden vorübergehende Abkomman-

Abb. 1 Grabaltar eines → commentariensis

D(is) M(anibus) / L(ucio) Gargilio Rufo / com(mentariensi) ab actis / civilib(us) homini / optimo et hones/tissimo

Den Totengöttern (geweiht). Für Lucius Gargilius Rufus, den → commentariensis für die Zivilakten, den besten und ehrenhaftesten Menschen.

CIL 2, 4179; RIT 229; aus Tarraco; 2. Jh. n. Chr.

dierungen mit Sonderaufgaben beschrieben. Besonders zahlreich sind derartige Angaben in dem auf Papyrus überlieferten → renuntium; auf Inschriften sind sie seltener anzutreffen. So gab es beispielsweise Soldaten, die den Auftrag hatten, Papyrus herzustellen, ad chartam conficiendam (Fink 10); andere waren zur Bewachung eines Kaisers abkommandiert, ad dominum nostrum (Fink 1, 2). Auch Aufgaben außerhalb des militärischen Bereichs, wie die Überprüfung der Gewichte auf dem Markt, gehörten dazu: ad pondera macelli (Fink 51). Vgl. morans, ordinatus.

ad arma
Waffenknecht (AE 1984, 703).

adiutor
'Gehilfe', Schreiber in unterschiedlichen militärischen Büros (→ officium); es handelte sich um einen Soldaten, der am Anfang seiner Laufbahn stand. So wurde ein adiutor → corniculariorum zum → actarius befördert (AE 1904, 10 = D 9170).

ad latus
Soldat zur Unterstützung eines oder mehrerer Offiziere wie ein ad latus tribunorum, jemand, der die → tribuni unterstützte (CIL 11, 1617 = D 2117); vgl. promotus.

ad monetam
Wachsoldat einer Münzprägestätte (D 2130).

ad portam
Soldat, der das Tor bewacht (AE 1979, 643).

adstatus
→ hastatus (AE 1955, 26).

adversarius
Gegner, Feind; auf dem Grabstein eines Soldaten steht, daß er im Kampf gegen die Feinde fiel: qui [i]n proe[li]o ... contra a(d)versarios decessit (AE 1976, 631).

aedes
Lagerheiligtum, in dem bei der → legio die etwa 80 Feldzeichen (→ aquila, imago, signum, vexillum) untergebracht waren. Im Keller des Heiligtums befand sich das → depositum der Soldaten und waren vielleicht auch die Gelder der → legio deponiert (CIL 13, 7753 = D 2349).

aedilis
Soldat, der im Lagerheiligtum Dienst tat (CIL 6, 231 = D 2215).

aedis custos
→ aedituus (CIL 3, 1158 = D 2477).

aedituus
Tempelhüter (Abb. 58).

aeger
Soldat im Krankenstand (AE 1979, 643).

aeneator
Allgemeiner Ausdruck für einen Signalbläser (CIL 13, 6503 = D 2584); vgl. bucinator, cornicen, tubicen.

aeques
→ eques (CIL 6, 3231).

aera
Dienstjahre. Auf einem Grabstein heißt es: anno[r]um XXXV aerorum XIIII, er lebte 35 Jahre (und) diente 14 Jahre (CIL 13, 12086; Abb. 2); vgl. caliga, miles, salarium, stipendium.

aerarium
Kasse; vgl. sacellum.

aerarium militare
Kasse des Gesamtheeres (AE 1966, 186).

aerarius
Bronzearbeiter, Kupferschmied (Digesten 50, 6, 7).

aevocatus
→ evocatus (CIL 8, 4197 = D 450).

agens, agentes
Bezeichnung für eine besondere Tätigkeit wie agentes in → praesidio, Soldaten, welche die Besatzung eines Wachpostens stellten (RIB 1583).

agrimensor
→ metator (AE 1994, 1424).

ala
Die ala, ursprünglich der aus den Truppen der Bundesgenossen gebildete, berittene 'Flügel' des römischen Heeres, war eine aus 500 (D = quingenaria) oder 1000 (∞ = milliaria) Mann bestehende Kavallerieeinheit, die sich aus → peregrini rekrutierte. Nach 25 Dienstjahren erhielten diese Soldaten römisches Bürgerrecht und → conubium. Die 500 Mann starke ala bestand aus 16 → turmae zu je 32 Reitern; jede turma

Abb. 2 Grabstein eines → miles legionis

M(arcus) Cornelius / M(arci) f(ilius) Voltinia (tribu) / Optatus Aquis / Sextis miles leg(ionis) / XXII Primigenia(e) / › (centuria) Q(uinti) Stati Proxumi / aeroru(m) XI test/amento f(ieri) iuss(it)

Marcus Cornelius Optatus, des Marcus Sohn, aus (dem Stimmbezirk) Voltinia, aus Aquae Sextiae (Aix-en-Provence), → miles der → legio XXII Primigenia, in der → centuria des Quintus Statius Proxumus, 11 Dienstjahre, hat im Testament (den Grabstein) aufzustellen angeordnet.

CIL 13, 6959; Mainz 57; aus Mainz; 1. Jh. n. Chr.

stand unter der Führung eines → decurio. Zu dieser ala gehörten etwa 800 Pferde. Die 1000 Mann starke ala hatte 24 turmae zu je 42 Mann und besaß etwa 2000 Pferde. Die neun alae milliariae, die es im gesamten Heer gab, waren berittene Eliteeinheiten, deren Besoldung (→ stipendium) derjenigen der → legio entsprach. Der Befehlshaber einer ala war ein → praefectus aus dem Ritterstand; der praefectus alae quingenariae diente in der tertia → militia equestris, der praefectus alae milliariae in der quarta (Abb. 3, 13, 31, 33, 53, 57, 58, 64).

alaris
Zur → ala gehörig, beispielsweise → decurio alaris (CIL 3, 6581 = D 2543).

album
Liste, wie diejenige der → veterani, alb(um) vet(eranorum) (CIL 8, 2626 = 18 099).

a libellis
Soldat, der in einem → officium für die 'Briefe' zuständig war (CIL 6, 627).

ambulatio
Dreimal monatlich durchgeführter Übungsmarsch (Fink 23).

a militi(i)s
Ritterlicher Offizier, der einige, meist alle drei Positionen der → militia equestris durchlaufen hat. Gelegentlich wird die genaue Zahl der Kommandostellen mit Formulierungen wie a militiis III(tribus) (CIL 8, 2399 = D 2753) oder a IIII(quattuor) militiis (CIL 8, 2732 = D 1154) angegeben.

annona militaris
Genereller Ausdruck für die Steuer,

Abb. 3 Grabstein eines → eques

Der Reiter in voller Bewaffnung sprengt über einen gefallenen Gegner hinweg, den er mit der → hasta niederstößt; der Dolch des Unterlegenen ist abgebrochen. Hinter dem eques steht der → calo mit einer weiteren hasta. In dem Inschriftfeld ist am rechten Rand das → cornu eingemeißelt.

Andes Sex(ti) f(ilius) / cives(!) Raeti/nio eq(ues) ala(e) / Claud(iae) an(norum) XXX / stip(endiorum) V h(ic) s(itus) e(st) h(eres) f(aciendum) c(uravit)

Andes, des Sextus Sohn, Bürger aus Raetinium (Dalmatia), → eques der → ala Claudia, 30 Lebensjahre, 5 Dienstjahre, ist hier bestattet. Sein Erbe hat (das Grabmal) errichten lassen.

CIL 13, 7023 = D 2504; Mainz 88; aus Mainz; 1. Jh. n. Chr.

Abb. 4 Bronzener Adler,
→ aquila, eventuell
Aufsatz einer Standarte.
H.: 4,5 cm

M. Kemkes / J. Scheuer-
brandt, Zwischen
Patrouille und Parade.
Die römische Reiterei am
Limes.
Schriften des Limes-
museums Aalen 51
(Stuttgart 1997)
Abb. 50; aus Aalen;
2./3. Jh.. n. Chr.

anularium
Abstandsgeld aus dem → scamnarium
eines → collegium, das ein Soldat erhielt,
wenn er als → veteranus aus dem collegium ausschied (CIL 8, 2553 = D 2438).

a peregrinis
Soldat aus den → castra peregrina
(AE 1994, 248).

a quaestionibus
→ quaestionarius (CIL 6, 2755 =
D 2145).

deren wichtigste Aufgabe es war, die
Versorgung des Heeres sicherzustellen.

antesignanus
Besonders ausgesuchter Soldat, der im
Kampf vor den → signa postiert wurde
(AE 1978, 471).

Abb. 5 Grabstein eines → aquilifer

Der Soldat ist mit der → lorica bekleidet. In
der Rechten hält er die → aquila; die Flügel
des Adlers sind mit einer → corona umschlun-
gen. Mit der Linken stützt sich der Soldat
auf das → scutum, das mit einem Donnerkeil
verziert ist. Der Panzer des → aquilifer ist mit
→ dona militaria geschmückt: zwei → torques
und neun → phalerae.

Cn(aeus) Musius T(iti) f(ilius) / Gal(eria tribu)
Veleias an(norum) / XXXII stip(endiorum) XV
/ aquilif(er) leg(ionis) XIIII Gem(inae) /
M(arcus) Musius ›(centurio) frater posuit

Gnaeus Musius, des Titus Sohn, aus (dem
Stimmbezirk) Galeria, aus Veleia, 32 Lebens-
jahre, 15 Dienstjahre, → aquilifer der → legio
XIIII Gemina. Marcus Musius, → centurio, der
Bruder, hat (das Grabmal) aufgestellt.

CIL 13, 6901; Mainz 30; aus Mainz;
1. Jh. n. Chr.

aquarius

Brunnenwärter am Brunnen der Kaserne (CIL 6, 1058 = D 2157).

aquila

Adler, das Symbol der → legio (Abb. 4, 5, 27, 52); er war aus Gold gearbeitet und galt als heilig. Der Adler zeigt die Flügel gespreizt und steht – als Vogel des Iupiter – auf einem Donnerkeil; daher war auch der Schild des → legionarius mit einem solchen Donnerkeil verziert (Abb. 5). Der Geburtstag der legio war im Geburtstag ihres Adlers symbolisiert; ob natale(m) aqu[il]ae ist eine Inschrift zu Ehren Iupiters errichtet (CIL 2, 2552 = D 9129). Der Adler wurde vom → aquilifer getragen (Abb. 5).

aquilex

'Wasser'bautechniker (Digesten 50, 6, 7).

aquilifer

Träger des Stangenfeldzeichens einer → legio, das einen Aufsatz in Adlerform (→ aquila) hatte; er gehörte stets der → centuria des → primus pilus, also der → cohors I einer legio an und stand im Rang über dem → signifer. Der aquilifer war als Buchführer für das → depositum der Soldaten zuständig (Abb. 5).

arca

Kasse, aus der beispielsweise Weihinschriften bezahlt wurden (CIL 8, 2551 = D 2397).

arcarius

Kassenverwalter (CIL 6, 8517 = D 1660).

archigybernes

Obersteuermann (CIL 10, 3393).

arc(h)itectus

Architekt (Abb. 6). Solche Architekten fanden Verwendung im → armamentarium.

arcuarius

Mitarbeiter der Waffenschmiede, 'Bogen'hersteller (Vegetius 2, 11).

Abb. 6 Weihealtar für einen → Genius centuriae

Genio ›(centuriae) / Nigidi / Censorini / Ael(ius) Verin(us) / architec(tus) / Geminius / Primus c(ustos) a(rmorum) / ex voto suscepto posuer(unt)

Dem → Genius der → centuria des Nigidius Censorinus haben Aelius Verinus, → architectus, (und) Geminius Primus, → custos armorum, gemäß einem übernommenen Gelübde (für erwiesene Wohltat den Altar) errichtet.

CIL 13, 6680 = D 2421; Mainz 180; aus Mainz; 2./3. Jh. n. Chr.

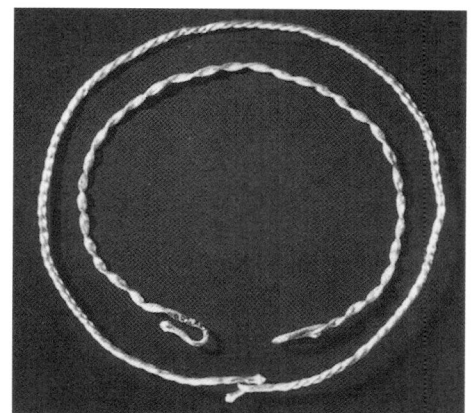

Abb. 7 Silberner und
goldener Armring;
→ armillae.
Kemkes / Scheuerbrandt
(vgl. Abb. 4) Abb. 60;
aus Aalen; 2./3. Jh.
n. Chr.

arkarius
→ arcarius (CIL 8, 3289).

arma
Waffen.

armamentarium
Waffenmagazin, Zeughaus, Werkstatt
für Geschützbau und Waffenherstellung
(AE 1978, 707); vgl. architectus, optio.

armamentarius
Arbeiter in einem → armamentarium
(CIL 6, 999 = D 333).

armatura
Ausbilder (CIL 6, 37 215 = D 9070). In
der Spätantike eine schwerbewaffnete
Garde (Vegetius 2, 2).

armentarius
→ armamentarius (CIL 6, 3918).

armicustos
→ custos armorum (AE 1905, 201).

armidoctor
→ doctor (AE 1952, 153).

armiger
Waffenträger (AE 1909, 120).

armillae
Armreife aus Silber oder Gold als militärische Auszeichnung, die immer paarweise
verliehen und an beiden Armen getragen
wurden (Abb. 7, 32, 52).

armorum custos
→ custos armorum (CIL 3, 3549).

a scriniis
Soldat in einem Schreibbüro (CIL 3,
13 201).

asinarius
Eseltreiber, gehörte zum Troß (Fink 9);
vgl. calo, impedimentum.

astarius
→ hastarius (AE 1988, 24).

astatus
→ hastatus (RIB 2032).

aupiciarius
Schiffszimmermann, der für das Ab-
dichten der Schiffsplanken mit Werg und
Teer zuständig war (richtig opiciarius)
(AE 1972, 582); vgl. unctor.

auxilia
Hilfstruppen, peregrine (→ peregrinus)
Truppenverbände mit römischem
Reglement und lateinischer Kommando-
sprache (CIL 11, 5211 = D 991);
vgl. ala, cohors.

aux(s)iliari(u)s
Angehöriger einer Hilfstruppe (AE 1960,
53).

B

baiolus, baiulus
Meldereiter, Kurier (CIL 13, 7754).

ballista
Maschine, um Geschosse abzufeuern (Vegetius 2, 10).

ballistarium
Plattform, Gebäude, um eine → ballista aufzustellen (AE 1938, 117 = RIB 1280).

ballistarius
Geschützbauer und Artillerist (AE 1955, 238); vgl. magister.

balneum
Bad einer Truppe (AE 1903, 66); vgl. thermae.

balteus
Wehrgehenk, das über der Schulter getragen wurde (Abb. 8, 11, 19).

barcarius
Barkenführer (AE 1990, 728).

basilica exercitatoria
Exerzierhalle (AE 1971, 364).

basilica equestris exercitatoria
Exerzierhalle für Reiter (RIB 978).

Abb. 8 Grabstein eines → miles legionis

Der behelmte → miles trägt rechts den → gladius am → balteus, ferner ein → cingulum mit → pteryges. In der Rechten hält er ein → pilum, in der Linken das → scutum.

C(aius) Val(erius) C(ai) f(ilius) Berta Men/enia (tribu) Crispus mil(es) leg(ionis) VIII / Aug(ustae) an(norum) XL stip(endiorum) XXI f(ilius) f(aciendum) c(uravit)

Gaius Valerius Crispus, des Gaius Sohn, aus Berta (?), aus (dem Stimmbezirk) Menenia, → miles der → legio VIII Augusta, 40 Lebensjahre, 21 Dienstjahre; sein Sohn hat (das Grabmal) errichten lassen.

CIL 13, 7574; aus Wiesbaden; 1. Jh. n. Chr.

Abb. 9 Beneficiarierlanze

Lanzenspitze als Abzeichen eines → beneficiarius. Am unteren Ende befindet sich eine Tülle, in die eine Lanze eingefügt wurde. E. Ritterling, Ein Amtsabzeichen der beneficiarii consularis im Museum zu Wiesbaden, BJ 125, 1919, 9–11; aus Ehl an der Ill; 2./3. Jh. n. Chr.

bearcus
→ biarcus (AE 1891, 105).

bellum
Krieg, beispielsweise bellum Parthicum, der Partherkrieg (AE 1935, 167).

beneficiarius
Ursprünglich ein Soldat, der das beneficium (Wohltat) genoß, keinen Schanz- und Wachdienst mehr übernehmen zu müssen. Er gehörte dem Unteroffizierskorps an und war unterschiedlichen Personen als Helfer zugewiesen, wie der beneficiarius (meist bf. abgekürzt) legati einem → legatus legionis, der bf. tribuni einem → tribunus (Abb. 53), der bf. praefecti einem → praefectus. Als bf. → consularis (bf.cos., beneficiarius des Statthalters; Abb. 10, 23) etwa war er für die Dauer seines Dienstes aus der Truppe ausgeschieden und unterstand direkt dem Statthalter als Verwaltungsbeamter. Dennoch wurde sein Name weiter in der → matrix geführt, weshalb die legio in der Regel in den Inschriften genannt ist. Beneficiarii waren unter anderem für die Sicherheit der Straßen sowie für das Post- und Meldewesen (→ statio) verantwortlich (Abb. 9, 10, 23, 53, 59).

beteranus
→ veteranus (AE 1902, 73).

biarc(h)us
Soldat, der sich um die Lebensmittelversorgung kümmerte (AE 1976, 631).

Abb. 10 Weihaltar eines → beneficiarius

Über der Inschrift sind die Göttinnen der vier Wege, also einer Kreuzung, dargestellt.

I(n) h(onorem) d(omus) d(ivinae) / deabus Quadruvi(i)s / I(ovi) O(ptimo) M(aximo) dis deabusque / omnib(us) Sereni(us) At/ticus b(ene)f(iciarius) co(n)s(ularis) pro / sua et suorum salute / posuit (ante diem) IIII(quartum) K(alendas) Ian(uarias) / Agricola et Clem/entino co(n)s(ulibus)

Zu Ehren des göttlichen Kaiserhauses. Den Göttinnen der vier Wege, Iupiter, dem Besten und Größten, und allen Göttern und Göttinnen (geweiht). Serenius Atticus, → beneficiarius consularis, hat (den Altar) für sein und der Seinen Wohl aufgestellt; am 4. Tag vor den Kalenden des Januar (29. Dezember) des Jahres, in dem Agricola und Clementinus Konsuln waren (230 n.Chr.).

F 345; aus Stuttgart-Bad Cannstatt; 230 n.Chr.

bucina

Posaunenartiges, gebogenes Horn (Abb. 11). Die bucina wurde bei Zeremonien eingesetzt und um den Wachwechsel oder Anfang und Ende der Mahlzeiten zu bestimmen; die Signale hatten keine taktische Bedeutung. 'Zur ersten bucina' (ad primam bucinam) hieß 'zur ersten Wache'.

bucinator

Bläser einer → bucina (Abb. 11).

burgarius

Soldat eines → burgus (AE 1976, 626).

burgus

Kleinere befestigte Anlage, 'Burg', in der Regel in Form eines Steinturms, in der Funktion einer befestigten Warte (Abb. 12, 70). Eine Inschrift aus Nordafrika nennt einen burgus speculatorius inter duas vias, einen Beobachtungsturm zwischen zwei Wegen (CIL 8, 2495).

Abb. 11 Grabstein eines → bucinator

Der Soldat trägt die tunica, die von einem → cingulum gehalten wird und das → sagum. In der Rechten hält er die → hasta. Eine lange → spatha hängt am → balteus. Zu seinen Füßen steht ein ovaler Schild, der das frühere → scutum abgelöst hat. Die aufgestützte Linke hält die → bucina.

D(is) M(anibus) / Aurel(io) Suro quo/ndam bucina/tori leg(ionis) I Ad(iutricis) P(iae) F(idelis) / stip(endiorum) XVIII vixit / annis XL d(omo) F(oenicias) Suria(!) / Sept(imius) Vibianus heres / et collega eiius(!) / b(ene) m(erenti) f(aciendum) c(uravit)

Den Totengöttern (geweiht). Für Aurelius Surus, den verstorbenen → bucinator der → legio I Adiutrix, der ehrfürchtigen (und) treuen, 18 Dienstjahre, lebte 40 Jahre, zu Hause im syrischen Phoenizien, hat Septimius Vibianus, dessen Erbe und → collega dem Wohlverdienten (das Grabmal) errichten lassen.

AE 1976, 642 aus Byzantion; 2./3. Jh. n. Chr.

Abb. 12 Wachturm

Die Szene, die von der Traianssäule stammt, zeigt einen → burgus innerhalb
einer Palisadenumzäunung. Man erkennt auf ihm eine große Fackel, mit der
die links daneben stehenden Strohhaufen angezündet werden konnten, um
einen Angriff auf den Limes an die benachbarten Lager zu melden.
K. Lehmann-Hartleben, Die Trajanssäule. Ein römisches Kunstwerk zu Beginn
der Spätantike (Berlin – Leipzig 1926), Tafel 5 I. Anfang 2. Jh. n. Chr.

C

caballarius
Pferdeknecht (CIL 3, 10 275).

cabsarius
→ capsarius (CIL 13, 5623).

cacus
Latrinenwärter (CIL 6, 1057).

caelator
Zieseleur, Graveur von Karten (AE 1947, 61).

caementarius
Maurer (CIL 10, 3414 = D 2871).

caetra
Kleiner, leichter Schild.

calcaria
Kalkbrennerei (CIL 13, 7946).

calcarius
Soldat, der speziell für die Kalkbrenner-arbeit ausgebildet war. In einer Liste der → immunes sind auch die Soldaten aufgeführt, die Kalk brennen, qui calcem cocunt (Digesten 50, 6, 7); vgl. magister.

caliga
Schuh des gemeinen Soldaten, der deshalb → caligatus genannt wurde. Der Ausdruck wurde gelegentlich benutzt, um die abgeleistete Dienstzeit zu bezeichnen: militavit an(nos) in cal(iga) XVII, er diente als einfacher Soldat 17 Jahre (CIL 3, 7108 = D 2149).

caligatus
Allgemeine Bezeichnung des Fußsoldaten, gemeiner Soldat (AE 1952, 200). Die militia caligata stand im Gegensatz zur → militia equestris. Caligula = Kom-mißstiefelchen war der Spitzname des Kaisers Gaius (37–41 n. Chr.).

calo
Bediensteter der Soldaten, Troßknecht, Stallbursche, wohl ein Sklave. Ein solcher calo ist häufig auf dem Grabstein eines → eques mit dargestellt (Vegetius 3, 6; Abb. 3, 13, 30, 57).

calo galearius
→ calo, der einen 'Helm' tragen durfte und den Troß führte (Vegetius 3, 6).

Campestres
Schutzgöttinnen des → campus (Abb. 14).

campidoctor
Exerziermeister, der die Soldaten im Gebrauch der Waffen in Reih und Glied und hinsichtlich der taktischen Manöver unterrichtete (CIL 6, 533 = D 2088).

campus
Parade- und Exerzierplatz; vgl. Campestres.

canabae
Ursprünglich Verkaufsbuden am Rande der römischen Legionslager, später die zivilen Ansiedlungen mit eigener Verwaltung. In ihnen war alles konzentriert, was für die Bewirtschaftung des Lagerterritoriums und für die Bedürfnisse der Besatzung erforderlich war. In diesen Lagerstädten lebten die zur Ehelosigkeit verpflichteten Soldaten in 'wilder' Ehe, die nach Ablauf der Dienstzeit legalisiert wurde (→ conubium). Die canabae waren Kontakt- und Vermittlungsstellen zwischen einheimischer Bevölkerung und römischem Militär (AE 1972, 547).

canabarius
Bewohner der → canabae (AE 1969/70, 464).

Abb. 13 Grabmal eines → eques

Das Relief zeigt den → eques zu Pferd, mit der → spatha bewaffnet, der gerade einen feindlichen Barbaren überreitet und mit der → hasta niederstößt. Hinter ihm steht ein → calo mit zwei weiteren hastae.

T(itus) Flavius Bassus Mucalae / f(ilius) Dansala eq(ues) alae Nori/coru(m) tur(ma) Fabi Pudentis / an(norum) XXXXVI stip(endiorum) XXVI h(eres) f(aciendum) c(uravit)

Titus Flavius Bassus, des Mucala Sohn, der Dansaler, → eques der → ala der Noriker aus der → turma des Fabius Pudens, 46 Lebensjahre, 26 Dienstjahre. Sein Erbe hat (das Grabmal) errichten lassen.

CIL 13, 8308 = D 2512; RSK 252; aus Köln; 1. Jh. n. Chr.

canalic(u)larius
Kanzleischreiber in einer ähnlichen Position wie der → cornicularius als Vorsteher eines → officium (CIL 6, 1110).

candidatus
Bezeichnet die Anwartschaft eines Soldaten auf Beförderung beziehungsweise die Tatsache der Beförderung unter anderem zum → centurio. So nennt sich ein centurio aus Carnuntum/Pannonia superior candidatus, Wunschkandidat, des dortigen → legatus Augusti, der ihn beförderte (CIL 3, 11135 = D 4311). Der Begriff kennzeichnete in der Republik die Bewerber um ein Staatsamt, die in weißer, mit Kalk eingeriebener Toga (toga candida) auftraten; vgl. promotus, spes.

caprarius
Ziegenhirte (AE 1921, 20).

capsarius
Sanitäter, der mit einer capsa, einer runden Büchse für Bandagen, ins Feld zog (AE 1986, 594).

carcer
Militärgefängnis (CIL 13, 1833 = D 2126).

carcerarius
Wärter des Militärgefängnisses (CIL 6, 1057).

carpentarius
Stellmacher (Vegetius 1, 7); vgl. faber.

carrarius
Wagen('Karren')- und Stellmacher (Fink 58).

carroballista
→ ballista, die auf einem Wagen montiert war (Vegetius 2, 25).

castra
Bezeichnung für ein militärisches Lager

beziehungsweise für alle Lager gemeinsam; daher rührt der Ehrentitel einiger Frauen der Kaiser als mater castrorum, als Mutter der Heerlager. Castris, aus dem Lager, wird gelegentlich als Herkunftsangabe für die illegitimen Kinder eines Soldaten verwendet (CIL 13, 6658).

castra legionis
Legionslager (Abb. 15).

castra peregrina
Lager für die aus den Provinzen nach Rom abkommandierten → centuriones

und → principales (CIL 6, 230 = D 2216).

castra praetoria
→ praetorium (CIL 6, 9992).

castra nova
Das 'neue' Lager der → equites singulares in Rom (CIL 6, 3198 = 32 783 = D 2207); vgl. castra priora.

castra prima
→ castra priora; der Begriff castra wird gelegentlich fälschlich als feminin singular verstanden (AE 1954, 80).

castra priora
Das 'frühere' und damit ältere Lager der → equites singulares in Rom (AE 1954, 81); vgl. castra nova.

castrenses
Bewohner eines → castrum (CIL 3, 12 376).

castrum
Befestigungsanlage.

cataphract(ari)us
Gepanzerter Kavallerist; die Reiter trugen eiserne Schuppenpanzer und Helme mit Visier, die Pferde schützten eiserne oder kupferne Panzer (Abb. 16, 17).

Abb. 14 Weihealtar für die Göttinnen des → campus

Campestribus / sacrum / P(ublius) Quintius L(uci) f(ilius) / Quir(ina tribu) Terminus / domo Sicca / Veneria trib(unus) / coh(ortis) XXIIII Vol(untariorum) c(ivium) R(omanorum)

Den Göttinnen des → campus geweiht. Publius Quintius Terminus, des Lucius Sohn, aus (dem Stimmbezirk) Quirina, zu Hause in Sicca Veneria, → tribunus der → cohors XXIIII der → voluntarii römischer Bürger.

CIL 13, 6449 = D 2604; aus Benningen; 2. Jh. n. Chr.

causarius

Aus einem zureichenden 'Grund', vor allem wegen einer Verwundung oder Verstümmelung dienstunfähig entlassener Soldat (CIL 13, 2948); vgl. ex causa, missio, missus a causis.

celeustes

Vorgesetzter der Ruderer (CIL 12, 5736 = D 2830).

centenarius

Späte Bezeichnung für → centurio (Abb. 17).

centuria

→ legio: Hundertschaft (von centum = 100), davon 80 Mann Kampftruppe und 20 Mann Chargen, die kleinste Unterabteilung der legio, wobei insgesamt 60 centuriae auf eine Legion kamen. Jede der 10 → cohortes der legio hatte sechs centuriae (→ centurio). Die centuria ist vergleichbar mit der modernen Kompanie, sie war die taktische Einheit der Legion (Abb. 6, 15). → auxilia: Auch die zu den Hilfstruppen zählenden → cohortes von Fußsoldaten waren in centuriae untergliedert (Abb. 18, 36).

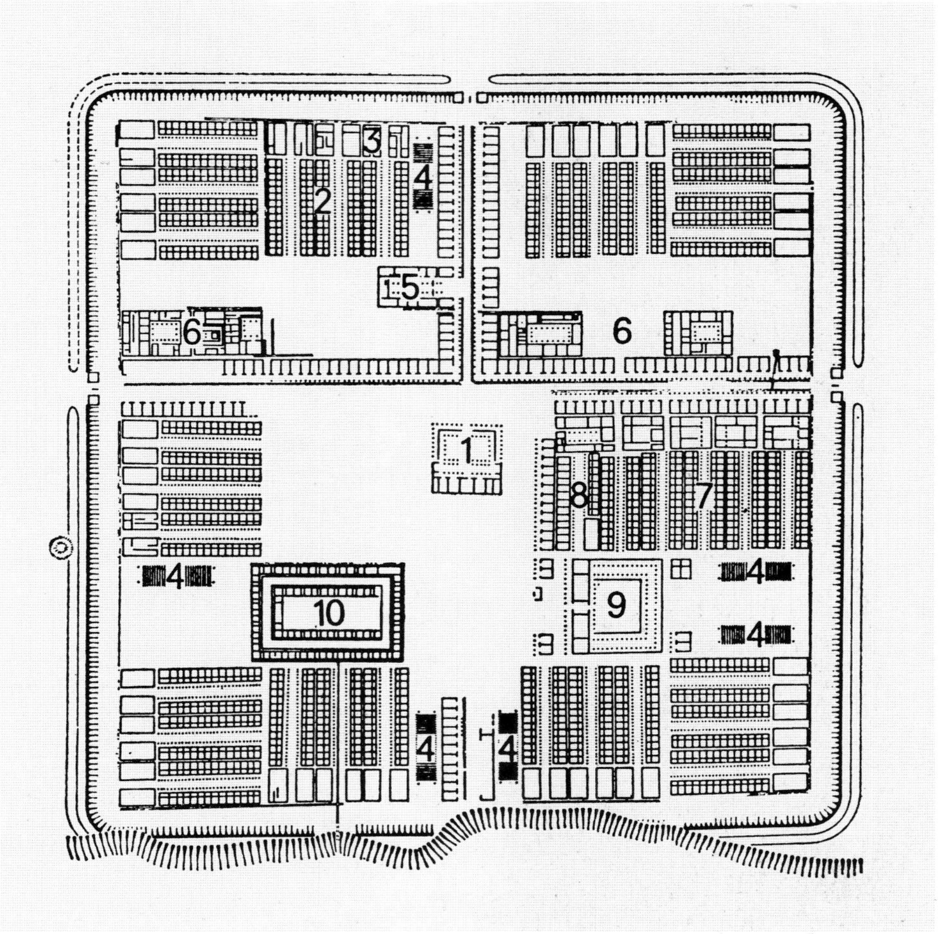

Abb. 15 Orientierungsplan des Legionslagers von Inchtuthil; 1. Jh. n. Chr.
1. → principia/Stabsgebäude;
2 Mannschaftsbaracken → centuria, → contubernium;
3. Haus eines → centurio;
4. → horrea, Speicher;
5. → horreum oder → schola?;
6. Tribunenhäuser/ → tribunus;
7. u. 8. Baracken der → cohors I und der → immunes;
9. → fabrica/Werkstattgebäude;
10. → Valetudinarium/Lazarett

H.v. Petrikovits, Die Innenbauten römischer Legionslager während der Prinzipatszeit (Opladen 1975), Tafel 1b.

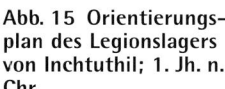

→ classis: In der Flotte bildete die Mannschaft jedes Schiffes eine centuria.

centurio

Offizier. Die centuriones der → legio bildeten einen → ordo, an deren Spitze der pilus der → cohors prima, der → primus pilus stand. Die Rangordnung der centuriones ist vor allem innerhalb dieser cohors I erkennbar. Dem primus pilus im Rang folgte der primus princeps prior, in verkürzter Weise → princeps legionis genannt. An dritter Stelle stand der primus → hastatus prior; in aufsteigender Reihenfolge nennt ein centurio seine Laufbahn: adstatus (= hastatus) et princeps et p(rimus) p(ilus) (CIL 11, 5215 = D 2650). Der Zusatz prior bei princeps und hastatus weist darauf hin, daß es in dieser cohors I ferner einen primus princeps posterior sowie einen primus hastatus posterior gab. Insgesamt umfaßte die cohors I der legio somit fünf centuriones, die auch deutlich von den übrigen 54 centuriones abgehoben sind, da sie jeweils einer → centuria vorstanden, die stärker als die üblichen 100 Mann war; der primus pilus kommandierte wohl zwei centuriae. Da es in dieser cohors I nur einen pilus gab, erübrigte sich hier eine nähere Kennzeichnung als pilus prior wie in den übrigen neun cohortes. Diese fünf centuriones der cohors I gehörten dem altus ordo, dem hohen ordo an (AE 1989, 56), beziehungsweise bildeten die primi ordines, die ersten ordines (= centuriones), die eine Inschrift von den übrigen unterscheidet: primi ordines et centuriones (CIL 8, 18065 = D 2452). Die übrigen neun cohortes einer legio hatten jeweils sechs centuriones, für die sich gelegentlich Siglen in den Inschriften finden (AE 1987, 779); in der cohors V etwa waren dies: quintus pilus prior, quintus princeps prior, quintus hastatus prior, quintus pilus posterior, quintus princeps posterior, quintus

Abb. 16 Grabstein eines → eques

Die einfache Darstellung zeigt einen gepanzerten Reiter mit → hasta.

M(anibus) d(is!) / Val(erius) Maxantius / eq(ues) ex numer(o) / kata(phractariorum) vix(it) an(n)i(s) / XXXII men(n)s(ibus) VI / Val(erius) Dacus fr(ater) / fec(it)

Den Totengöttern (geweiht). Valerius Maxantius → eques aus dem → numerus der → cataphractarii, lebte 32 Jahre, 6 Monate. Valerius Dacus, der Bruder, hat (den Grabstein) errichtet.

CIL 13, 6238 = D 9208; aus Worms; 4. Jh. n. Chr.

Abb. 17 Grabstein eines → centenarius

D(is) M(anibus) / et memoriae aete/rnae Kl(audi) (!) Ingenui / cente-
nari(i) ex numero eq(uitum) / cataf(ractariorum!) sen(iorum) qui vixit
an/n(os) p(lus) m(inus) XXXV Candida c/oniugi karissimo(!) /
[f]ac(iendum) cur(avit) et sub asc(ia) d(e)d(icavit)

Den Totengöttern (geweiht) und dem ewigen Angedenken des Claudius Ingenuus, des → centenarius aus dem → numerus der → equites
der älteren → cataphractarii, der mehr oder weniger 35 Jahre lebte.
Candida (hat) dem liebsten Gatten (den Grabstein) errichten lassen
und (noch) unter der Kelle geweiht (um das noch leere Grabmal vor
Beschädigung zu schützen).

CIL 13, 1848; aus Lyon; 4. Jh. n. Chr.

hastatus posterior. Die centuriones der
cohortes II bis X waren rangmäßig nicht
unterschieden, weshalb sie sich meist
nur centurio legionis nannten. Die centuriones stellten das Rückgrat der römischen Truppe im täglichen Dienst und
Einsatz dar. Sie erhielten etwa den fünf-
zehnfachen Sold des → miles (legionis)
und bewohnten im Lager eigene Häuser
(Abb. 15). Sie garantierten den Zusam-
menhalt der Truppe, die Ausbildung und
Führung der Soldaten und dienten oft
bis ins hohe Alter. Entsprechend häufig
waren Versetzungen der centuriones
von einer legio in die andere. 'Rekord-
halter' ist hierbei ein Petronius Fortu-
natus, der mindestens dreizehn Mal
centurio in ebensovielen legiones war
(zur Lage der Garnisonsorte vgl. Abb. 39):
II Italica (Lauriacum), VII ..., I Minervia
(Bonna), X Gemina (Vindobona), II ...,
III Augusta (Lambaesis), III Gallica (Eme-
sa), XXX Ulpia (Vetera), VI Victrix (Ebu-
racum), III Cyrenaica (Bostra), XV Apollinaris (Satala), II Parthica (Alba), I Adiutrix (Brigetio) (CIL 8, 217 = D 2658).
Diese centuriones sind mit den Haupt-
leuten der modernen Heere vergleichbar
(Abb. 2, 5, 19, 20, 28, 43, 48, 52, 70).
Centuriones dienten ferner in der Flotte
als unterste Seeoffiziere, etwa dem →
trierarchus gleichgestellt. Ein centurio
konnte auch vorübergehend mit dem
Kommando über eine → cohors equitata oder peditata (auxiliaria) betraut
werden (Abb. 52); auch die Befehlshaber
der → numeri rekrutierten sich in der
Regel aus ihnen. Die Rangbezeichnung
des centurio wird häufig mit einem
Symbol der → vitis abgekürzt, in den
Beispielen mit › wiedergegeben (Abb. 2,
5, 18, 28, 43, 48, 52, 70). Vgl. ordinarius, ordinatus, ordo.

centurio classicus
Offizier in der Flotte (CIL 8, 9386 =
21 042); vgl. centurio.

centurio deputatus
Von der → legio 'abkommandierter'
centurio (CIL 6, 1110).

centurio exercitator
→ centurio der → equites singulares
(CIL 6, 228 = D 2187).

centurio frumentarius
→ frumentarius im Rang eines centurio
(CIL 11, 1322 = D 2371).

centurio protector
→ protector im Rang eines centurio
(CIL 3, 10 509).

centurio retentus
Soldat, der nach abgeleisteter Dienstzeit
zum → centurio befördert und beim
Heer 'zurückbehalten' wurde (Denkmäler
Nr. 68).

centurio supernumerarius
centurio mit außerordentlichen Aufgaben (CIL 6, 1110).

centurionatus
Stellung eines → centurio.

cerarius
Büroangestellter; jemand, der auf eine
Wachstafel (cera) schrieb (CIL 3, 14 507).

chirurgus
→ medicus (AE 1945, 62).

chorographarius
Soldat, der bei Vermessungsangelegen-
heiten Karten zeichnete (AE 1947, 61).

cibariator
Soldat, der die Verpflegungs'rationen'
zuteilte (AE 1921, 35).

cingulum
Metallbeschlagener Gürtel (Abb. 8, 11,
19, 21, 37, 54).

circitor
Reitersoldat in der Spätantike (CIL 13,
7298).

civis Romanus
Reichsangehöriger, der das römische
Bürgerrecht (civitas) besaß und in der
→ legio dienen konnte (Abb. 14, 31).

Abb. 18 Grabstein eines → miles cohortis

Über dem Inschriftfeld Stierkopf zwischen
zwei Löwen.

L(ucio) Val(erio) Verec/undo Rut(eno) / mil(iti)
coh(ortis) I Class/icae › (centuria) Ingenu(i) /
ann(orum) XXV stip(endiorum) IIII / [h(eres)
e]x t(estamento) f(aciendum) c(uravit)

Dem Lucius Valerius Verecundus, dem Rutener,
dem → miles der → cohors I Classica, aus
der → centuria des Ingenuus, 25 Lebensjahre,
4 Dienstjahre, hat der Erbe aufgrund des
Testaments (das Grabmal) errichten lassen.

CIL 13, 12 061 = D 9159; RSK 262; Walser
99; aus Köln; 1. Jh. n. Chr.

Abb. 19 Grabstein eines → centurio

Abb. 20 Grabstein eines → centurio

Der → centurio trägt die → lorica, das → sagum ist auf der Schulter befestigt. Am → cingulum befindet sich rechts der → pugio. In der Rechten hält er die → vitis, die Linke stützt er auf den Knauf des am → balteus hängenden → gladius.

M(arcus) Favoni(us) M(arci) f(ilius) Pol(lia tribu) Faci/lis › (centurio) leg(ionis) XX Verecund/us et Novicius lib(erti) posu/erunt h(ic) s(itus) e(st)

Marcus Favonius Facilis, des Marcus Sohn, aus (dem Stimmbezirk) Pollia, → centurio der → legio XX (Valeria Victrix); Verecundus und Novicius, seine Freigelassenen, haben (das Grabmal) errichtet. Er ist hier bestattet.

RIB 200; aus Colchester; 1. Jh. n. Chr.

Der → centurio ist mit der → lorica, die mit → dona militaria – zwei → torques und neun → phalerae – geschmückt ist, bekleidet; zusätzlich trägt er eine → corona. Das → sagum ist auf der Schulter befestigt. In der Rechten hält er die → vitis. Zusätzlich zu dem hier wiedergegebenen Relief bietet der Grabstein eine Inschrift.

Q(uintus) Sertorius / L(uci) f(ilius) Pob(lilia tribu) Festus / centur(io) leg(ionis) XI / Claudiae Piae / Fidelis

Quintus Sertorius Festus, des Lucius Sohn, aus (dem Stimmbezirk) Poblilia, → centurio der → legio XI Claudia, der ehrfürchtigen (und) treuen.

CIL 5, 3374; aus Verona; 1. Jh. n. Chr.

civitas
→ civis Romanus (Abb. 31).

classiarius
Flottensoldat (AE 1990, 870).

classicus
Flottensoldat (CIL 8, 2728 = D 5795).

classis
Flotte (Abb. 50).

clavicularius
'Schließer' des Lagergefängnisses (CIL 3, 15 192).

clibanarius
Bezeichnung für den fremden Panzer-
reiter im römischen Sold (AE 1984, 825);
vgl. cataphractus.

clinicus
→ medicus (CIL 6, 2532 = D 2093).

Abb. 21 Grabstein eines → miles legionis

Der Verstorbene ist in halbziviler Tracht dargestellt. Er trägt die → tunica und das → sagum und ist mit einem → cingulum gegürtet,
an dem sich → pteryges befinden und rechts
der → gladius und links der → pugio befestigt
sind. Das → scutum trägt er über der
Schulter.

P(ublius) Flavoleius P(ubli) f(ilius) Pol(lia tribu)
/ Mutina Cordus mil(es) / leg(ionis) XIIII Ge-
m(inae) h(ic) s(itus) e(st) / ann(orum) XLIII
stip(endiorum) XXIII / C(aius) Vibennius L(uci)
f(ilius) ex t(estamento) fec(it)

Publius Flavoleius Cordus, des Publius Sohn,
aus (dem Stimmbezirk) Pollia, aus Mutina, →
miles der → legio XIIII Gemina, ist hier bestattet, 43 Lebensjahre, 23 Dienstjahre. Gaius
Vibennius, des Lucius Sohn, hat (das Grabmal)
aufgrund des Testaments errichtet.

CIL 13, 7255; Mainz 26; aus Klein-Wintern-
heim; 1. Jh. n. Chr.

clipeus, clupeus
Orden in der Form eines runden Schildes
(CIL 13, 1041 = D 2521).

codic(i)arius
Schreiber in einem Büro (AE 1936, 59).

cohors
Die cohors war eine Unterabteilung der
→ legio. Insgesamt gab es zehn cohortes, die cohors I (Abb. 15) mit etwa 1.000,
die cohortes II–X mit je 600 Mann;
vgl. centurio. Als cohors wird ferner eine
Auxiliarkohorte bezeichnet, die sich aus
Nichtbürgern (→ peregrinus) rekrutierte
und welcher der Schutz der eigentlichen
Limesstrecken anvertraut war. Nach 25
Dienstjahren erhielten diese Soldaten römisches Bürgerrecht und → conubium
(Abb. 31, 37, 65, 70).

cohors equitata
Diese cohors hatte neben den Fußsoldaten auch Reiterabteilungen; sie war
möglicherweise zahlenmäßig etwas stärker als die reine Einheit von Fußsoldaten
(→ cohors peditata). Für ihre Soldaten
bedeutete die Versetzung in eine → legio eine Beförderung. Die cohors quingenaria (500 Mann) wurde von einem
ritterlichen → praefectus, die cohors
milliaria (1.000 Mann) von einem → tribunus kommandiert (Abb. 70); vgl. cohors peditata.

cohors peditata
Die cohors peditata war eine Einheit von
Fußsoldaten, die normalerweise aus fünf
(D = quingenaria = 500 Mann) oder
zehn (∞ = milliaria = 1.000 Mann)
→ centuriae bestand. Die Versetzung in
eine → legio bedeutete eine Beförderung. Befehlshaber einer Auxiliarkohorte
waren für die cohors quingenaria ein
→ praefectus, für die cohors milliaria ein
→ tribunus aus dem Ritterstand
(Abb. 31, 37, 50, 65).

cohors praetoria
Kaiserliche Garde. Von Augustus (27 v.
–14 n. Chr.) gegründet, gab es seit Domitian (81–96 n. Chr.) zehn cohortes
praetoriae zu je 500 Mann, die in einer
Kaserne in Rom versammelt waren; an
der Spitze jeder Kohorte stand ein
→ tribunus. Die berittene Eliteabteilung
dieser → praetoriani waren die → speculatores. Die cohortes praetoriae stellten einen politischen Machtfaktor dar,
der bei der Einsetzung eines Kaisers oft
die entscheidende Rolle spielte. Septimius Severus (193–211 n. Chr.) erhöhte die
Stärke der einzelnen Kohorten auf 1.000
Mann. Bei Kriegszügen begleiteten die
Prätorianer den Kaiser ins Feld. Die be-
vorzugte Stellung dieser Elitetruppen
gegenüber den übrigen Soldaten äußerte
sich in einer kürzeren Dienstzeit, 16 statt
20 beziehungsweise 25 Jahre, und in
höherem Sold im Vergleich zum → miles
(legionis). Als Kriegs- und Verwaltungs-
schule waren die cohortes praetoriae
wichtig für eine einheitliche Ausbildung
der höheren Posten im Heer und in der
Verwaltung (Abb. 22, 52).

cohors urbana
Die zum Schutz der Hauptstadt bestimmte Truppe wurde von Augustus (27 v. –
14 n. Chr.) eingerichtet und als Ergän-
zung der → cohortes praetoriae betrach-
tet, weshalb sie in ihrer Bezifferung an
die Nummern der cohortes praetoriae
anschloß. Die cohortes urbanae waren
wie die cohortes praetoriae organisiert,
allerdings ohne Reiterei. Sie gliederten
sich in → centuriae und wurden von jeweils einem → tribunus befehligt (CIL 3,
7334 = D 2080).

cohors vigilum
Von Augustus (27 v.–14 n. Chr.) geschaf-
fene Löschmannschaft für Rom mit
militärischer Organisation, die aus Sklaven bestand. Die vigiles waren in sieben

→ cohortes zu je sieben → centuriae gegliedert und unterstanden einem → praefectus. Nach sechsjähriger Dienstzeit – seit Septimius Severus (193–211 n. Chr.) nach dreijähriger – erhielten die Soldaten der cohortes vigilum das römische Bürgerrecht (→ civis Romanus; CIL 6, 1056 = D 2156).

cohortalis
Soldat einer → cohors (AE 1987, 796); vgl. concohortales.

collatus
Zu Sonderaufgaben oder einer besonderen Einheit wie den → equites singulares 'herangezogener' Soldat (AE 1968, 31).

collega
Kollege (Abb. 11). Ein → beneficiarius weihte einen Altar dem Iupiter pro se et collega, für sich und einen anderen beneficiarius (AE 1930, 11).

collegium
Verein von Angehörigen eines Dienst-

grades. Ein solcher Verein wurde aus den Beiträgen der Soldaten finanziert, die diese bei ihrem Eintritt zu leisten hatten, und sorgte gegebenenfalls für die ehrenvolle Bestattung seiner Mitglieder, die aus der Kasse bestritten wurde. Er diente ferner dem gemeinschaftlichen Kultus, etwa des → Genius collegii, sowie der Pflege der Geselligkeit, vor allem durch gemeinsame Mahlzeiten. Der Eintrittsbeitrag eines collegium der → cornicines

Abb. 22 Grabstein eines Soldaten der → cohors praetoria

Der Altar zeigt im Rundgiebel einen Kranz zwischen Palmettenakroteren.

D(is) M(anibus) / C(aio) Iulio C(ai) f(ilio) Cl(audia tribu)
Victori / Ara militi c(o)h(ortis) I pr(aetoriae) / vix(it) ann(is) XXII / mil(itavit) annis IIII / C(aius) Valerius Lepidinus / dupl(icarius) eq(uitum) sing(ularium) Aug(usti) / fratri piissimo / faciendum / curavit

Den Totengöttern (geweiht). Für Gaius Iulius Victor, des Gaius Sohn, aus (dem Stimmbezirk) Claudia, aus Ara (Köln), → miles der → cohors I praetoria, lebte 22 Jahre, diente 4 Jahre, hat Gaius Valerius Lepidinus, → duplicarius der → equites singulares des Kaisers, für den frömmsten Bruder (Kameraden) (den Grabstein) errichten lassen.

Denkmäler Nr. 744; aus Rom; 2. Jh. n. Chr.

Abb. 23 Ehreninschrift für einen → legatus Augusti

Cl(audio) Aelio / Pollioni / leg(ato) Aug(usti) / pr(o) pr(aetore) G(ermaniae) s(u)p(erioris) / praesidi / integerrimo / bb(ene)ff(iciarii) co(n)s(ularis) / G(ermaniae) s(uperioris)

Dem Claudius Aelius Pollio, dem → legatus Augusti pro praetore der Germania superior, dem untadeligsten Statthalter, (haben) die → beneficiarii consularis der Germania superior (den Stein aufgestellt).

CIL 13, 6807; Mainz 281; aus Mainz.

betrug 3.000 Sesterzen; beim Ausscheiden, sei es aufgrund einer Beförderung oder als → veteranus (→ anularium), erhielt der Soldat 2.000 Sesterzen; dieselbe Summe erhielt auch der Erbe eines im Dienst verstorbenen Soldaten (CIL 8, 2557 = D 2354).

comitatenses
Mobile Feldarmee, die zum Gefolge (comitatus) des Kaisers zählte, im Gegensatz zum Frontheer (→ limitanei) (CIL 3, 5565 = 11 771 = D 664).

commanipularis, commanipulus
Waffenkamerad (CIL 10, 6096); vgl. manipulus.

commentariensis
Protokollführer in verschiedenen Büros, die vor allem Akten für die dort anfallende Zivilverwaltung führten; deshalb nennt sich ein solcher Soldat com(mentariensis) ab actis civilib(us), für die Akten der Zivilverwaltung (CIL 2, 4179 = D 2384 [Abb. 1]). Die Anzahl entsprach derjenigen der → corniculari.

commilito(nes)
Mitsoldat(en) (AE 1927, 42).

commoda
Bezeichnung des Entlassungsgeldes bei der → missio nummaria. Ein Soldat, der nach 43 Dienstjahren als ehemaliger → evocatus und → armidoctor der → legio XV Apollinaris von Kaiser Domitian (81–96 n. Chr.) entlassen wurde – stipendior(um) XLIII missus ex evocato et armidoctor leg(ionis) XV Apol(linaris) ab Imp(eratore) Domitiano Caesare Aug(usto) et accepit pro commodis HS(sestertios) XXX(triginta milia) quod ante illum nemo alius accebit(!), hatte als Entlassungssumme 30.000 Sesterzen erhalten, was vor ihm noch niemand erhalten hatte (AE 1952, 153); diese Summe entsprach dem zweieinhalbfachen Jahresgehalt dieses Soldaten. Vgl. praemia militiae.

conalaris
Soldat derselben → ala (CIL 6, 3601).

concohortales
Soldaten derselben → cohors (AE 1916, 48).

condecurio
Offizier, der ebenfalls → decurio war
(CIL 8, 2801).

conditarius
Vielleicht ein Koch, der die Speisen
würzte (CIL 6, 9277).

conductor
Pächter, beispielsweise des Legions-
territoriums (→ pratum) (AE 1900, 156).

conlatus
Eine aus unterschiedlichen Einheiten 'zusammengesetzte' Truppe,
etwa ein → numerus conlatus
(AE 1972, 677).

conmilito
→ commilito (CIL 12, 4365).

conquisitor
Rekrutierungskommissar.

consuetudo
Zustand des Zusammenlebens eines
aktiven Soldaten mit einer Frau in 'wilder' Ehe (AE 1976, 794).

consularis
Verkürzte Bezeichnung für einen → legatus Augusti. Ferner als nähere Bestim-
mung bei verschiedenen Chargen verwendet, beispielsweise → beneficiarius
consularis, meist cos. abgekürzt
(Abb. 23, 26, 34).

contarius
Lanzenträger (AE 1993, 1593).

contibernalis
→ contubernalis (AE 1992, 1821).

contiro
Bezeichnung für einen Soldaten,
mit dem man zusammen Rekrut war
(AE 1993, 309); vgl. tiro.

contirunculus
Verkleinerungsform von → contiro; so
bezeichnet ein Soldat seinen 'kleineren'
Bruder (AE 1971, 415).

contributus
Soldat, der einer Truppe 'zugewiesen',
etwa aus einer → legio in eine andere
versetzt wurde (CIL 8, 3157 = D 2317).

contubernalis
Zeltkamerad (AE 1993, 1593).

contubernium
Lagerzelt und Zeltgemeinschaft von jeweils 8–10 Soldaten, die innerhalb der
Legionslager in Baracken zusammen
lagen. Das contubernium war der kleinste Kampfverband, darüber hinaus
für die Soldaten Lebens- und in gewisser
Weise auch Wirtschaftsgemeinschaft
(AE 1975, 638b; Abb. 24, 25). Eine
→ centuria der → legio bestand aus
zehn contubernia.

conubium
Möglichkeit eines römischen Bürgers,
mit einer → peregrinen Frau eine legiti-
me Ehe zu führen (Abb. 31).

conveteranus
Soldat, mit dem man zusammen entlassen wurde (AE 1937, 95); vgl. veteranus.

coriarius
Gerber (CIL 3, 14 492).

cornicen
Der Bläser (→ aeneator) eines der bei
der Befehlsübermittlung eingesetzten
Signalinstrumente des römischen Heeres,
des → cornu (CIL 6, 2627 = D 2063).

cornicularius
Jede militärische Einheit hatte eine
Schreibstube (→ officium), der ein cor-
nicularius vorstand (Abb. 26, 51). Der

Abb. 24 Reiterkaserne

Ausgrabung im Kastell Heidenheim. Man erkennt deutlich die Fundament-
gräben der → contubernia.

Kemkes / Scheuerbrandt (vgl. Abb. 4) Abb. 114; aus Heidenheim; 2. Jh. n. Chr.

Abb. 25 Teller

Terra Sigillata–Teller mit eingeritzter Besitzerinschrift. Cont(ubernium)
signiferi Lupi (Eigentum) des → contubernium des → signifer Lupus.
M. Junkelmann, Panis Militaris. Die Ernährung des römischen Soldaten oder
der Grundstoff zur Macht (Mainz 1997) Abb. 14; aus Köngen; 2. Jh. n. Chr.

Abb. 26 Grabstein eines → cornicularius

D(is) M(anibus) / C(aio) Iulio Comato cornicul(ario) co(n)s(ularis) / an(norum)
XXXXVIII Iul(ius) Hermadio patrono pientis(simo)

Den Totengöttern (geweiht). Für Gaius Iulius Comatus, den → cornicularius
consularis, 48 Lebensjahre; Iulius Hermadio (hat) dem sehr rechtschaffenen
Patron (die Inschrift gesetzt).

CIL 2, 4155; RIT 201; aus Tarraco; 2. Jh. n. Chr.

cornicularius einer → cohors peditata in
Ägypten gewährt einen Einblick in ein
kleines officium: scripsi authenticam
epistulam in tabulario cohortis esse; er
bestätigt (schreibt), daß der Originalbrief
sich in der Registratur der cohors befindet (Fink 87). Bislang sind cornicularii
für 19 verschiedene officia bezeugt. So
begegnen drei cornicularii im wohl mit
über 200 Kräften besetzten Büro des
Statthalters in der Funktion von Kanzlei-
direktoren, die vor allem mit dem → ta-

bularium zu tun hatten. Die corniculii gaben dem officium des Statthalters seinen Namen: Es hieß officium corniculariorum (CIL 3, 894 = D 3035) oder officium corniculariorum → consularis (CIL 3, 3543 = D 2391). Sie waren dem Chef des Büros, dem → princeps praetorii, unmittelbar unterstellt. Die cornicularii besaßen gute Beförderungschancen zum → centurio (legionis).

cornu
Langes gebogenes Horn (Abb. 3); vgl. cornicen.

cornuarius
Hersteller des → cornu (Digesten 50, 6, 7).

cornucularius
→ cornicularius (AE 1937, 101).

corona
Krone, militärische Auszeichnung (Abb. 5, 20, 27, 32, 52); wie andere → dona militaria wurden die coronae nach Rang vergeben; die konkrete Leistung, die ursprünglich für die einzelnen coronae erbracht werden mußte, trat hinter den Rang zurück.

corona aurea
Krone als Auszeichnung für hervorragende Tapferkeit im Feld; sie wird unter diesem Namen geführt, obgleich alle coronae vergoldet waren (Abb. 32). Vgl. corona.

corona classica
→ corona navalis.

corona muralis
Krone als Auszeichnung für den Soldaten, der zuerst die Mauer einer feindlichen Stadt erstürmte (Abb. 27, 32); vgl. corona.

corona navalis
Krone als Auszeichnung für den Soldaten, der zuerst auf ein feindliches Schiff hinübersprang; vgl. corona.

corona vallaris
Krone als Auszeichnung für den Soldaten, der als erster das Lager des Feindes erstürmte (Abb. 32); vgl. corona.

Abb. 27 Feldzeichenrelief

Das Relief zeigt drei Feldzeichen, zwei → signa und eine → aquila. Die signa tragen jeweils eine ausgestreckte Hand. Alle drei Feldzeichen sind mit einer → corona geschmückt, die aquila zusätzlich mit einer → corona muralis und einem Schiffsschnabel.

G. Webster, The Roman Imperial Army (London[2] 1979) pl. 10; aus Rom; 2. Jh. n. Chr.

Abb. 28 Weihealtar für Apollo und Diana

Apollini et / Dianae n(umerus) Brit(onum) / et explorat(orum) / Nemaning(ensium) c(ura) / agen(te) T(ito) Aurel(io) / Firmino › (centurione) / leg(ionis) XXII Pr(imigeniae) P(iae) F(idelis) / v(otum) s(olvit) l(ibens) l(aetus) m(erito) Idibus / August(tis) Orfito / et Rufo co(n)s(ulibus)

Dem Apoll und der Diana (geweiht). Der → numerus der Britones und der → exploratores Nemaningenses, unter dem Befehl des Titus Aurelius Firminus, → centurio der → legio XXII Primigenia, der ehrfürchtigen (und) treuen, hat sein Gelübde für erwiesene Wohltat gern und freudig erfüllt. An den Iden des August (13. August) des Jahres, in dem Orfitus und Rufus Konsuln waren (178 n. Chr.).

CIL 13, 6629; aus Aschaffenburg; 178 n. Chr.

coronarius
Soldat, der → coronae verfertigte (AE 1911, 30).

corporis custodes
Germanische Leibwache der Kaiser von Augustus (27 v.–14 n. Chr.) bis Galba (68–69 n. Chr.) (CIL 11, 3526).

corpus
Gruppe, Abteilung (AE 1983, 42).

cultores sacramenti
Soldaten, die in einem 'Kult' die Erinnerung an die feierliche Eidesleistung (→ sacramentum) aufrecht erhielten (AE 1960, 8).

cuneus
Einheit eines → numerus (AE 1976, 582).

cura, curagens, curam agens
Stellvertreter, Kommandant einer Sondereinheit; sub cura ..., unter der Verantwortung des ... (Abb. 28, 49, 70).

curator
Aufseher, Befehlshaber einer Truppenabteilung wie einer → ala, cohors equitata oder turma (Denkmäler Nr. 561).

curator collegii
Vorsteher eines → collegium (AE 1935, 157)

curator equitum
Befehlshaber einer → cohors equitata (CIL 8, 4510).

curator fisci
→ fisci curator (CIL 3, 7334 = D 2080).

curator operis armorum
Wohl identisch mit dem → custos armorum (CIL 8, 2563 = D 2437).

curator veteranorum
Kommandeur von bereits entlassenen Soldaten (→ veteranus), die in der → legio in einer eigenen Abteilung dienten (CIL 5, 5832= D 2338).

custodia
Wache (AE 1984, 838).

custos armorum
Chef der Waffenkammer, dem die Pflege (cura) des Kriegsgeräts oblag (Abb. 6, 29); es gab einen in jeder → centuria der → legio.

custos basilicae
Aufseher der Exerzierhalle (CIL 13, 6672 = D 2414).

custos castelli figlinarum
Aufseher einer Ziegelei (AE 1941, 107); vgl. figlina.

custos domi
→ domicurius (Fink 58).

custos vivarii
Wächter des Zoos (CIL 6, 130 = D 2091); vgl. vivarium.

Abb. 29 Grabstein für die Ehefrau eines → custos armorum

D(is) M(anibus) / Claudin(a)e con/iugi caris-si/m(a)e et rever/entissim(a)e Sa/mmonius Pat/erc(u)lus c(ustos) a(rmorum) leg(ionis) / XXII P(rimigeniae) P(iae) F(idelis) et Mar/cellinus et / Marcus parbuli (!) / f(aciendum) c(uraverunt)

Den Totengöttern (geweiht). Für Claudina, die liebste und verehrungswürdigste Gattin, haben Sammonius Paterculus, → custos ar-morum der → legio XXII Primigenia, der ehr-fürchtigen (und) treuen, und Marcellinus und Marcus, die kleinen (Kinder), (den Grabstein) errichten lassen.

CIL 13, 6970; Mainz 118; aus Mainz; 2./3. Jh. n. Chr.

D

decanus
Befehlshaber eines → contubernium (AE 1951, 30).

deceptus
Angabe, daß der Soldat gefangengenommen worden ist, deceptus a barbaris, gefangen von den Barbaren (CIL 3, 12 292).

decurio
Offizier bei der Reiterei, als decurio → alae Führer einer → turma, eine dem → centurio (legionis) vergleichbare Position (Abb. 30).

decursio
Manöver (Vegetius 2, 22).

decursio albata
Feierliche Parade in 'weißen' Mänteln; das Recht zur Teilnahme wurde vom Kaiser verliehen (CIL 3, 14 387ff).

decursor
Teilnehmer an einer → decursio (Fink 62).

deducticius, deductus
Ein nach seiner Entlassung (→ missio, missus honesta missione) 'angesiedelter' → veteranus (AE 1966, 288; CIL 9, 4682).

defunctus
Angabe, daß der Soldat gefallen ist: defunctus est in Parthia, gefallen in Parthien (CIL 3, 10 572), oder defunctus in expeditione, gefallen während eines Kriegszuges (CIL 3, 4184 = D 1556).

depositum
Ersparnisse der Soldaten, die in einer besonderen Kasse im Lager 'hinterlegt' waren (Fink 70); vgl. donativum, librarius, stipendium.

deputatus
'Abkommandierter' Soldat (CIL 6, 1110); vgl. centurio.

desideratus
'Vermißter' Soldat (AE 1962, 221).

digestor armorum
Soldat, der für die Ordnung in der Waffenkammer zuständig war (AE 1940, 117); vgl. custos armorum.

dilectator, dilictator
Ausheber der Rekruten (AE 1896, 10); vgl. tiro.

dilectus
Aushebung (CIL 8, 14 603 = D 2305).

dimissus
→ missio, missus a causis, missus honesta missione (Abb. 31).

diploma
Entlassungsurkunde aus Bronzetäfelchen, die – in der Art von Wachstäfelchen – wie ein Diptychon zusammengeklappt und mit einem Bronzedraht geschlossen waren. Die geschützten Innenseiten enthielten die eigentliche Urkundenabschrift, die außen wiederholt war, um das Öffnen der Innenseite zu vermeiden. Ein solches Militärdiplom bescheinigte einem entlassenen Angehörigen einer Hilfstruppe das römische Bürgerrecht (→ civis Romanus) und → conubium (Abb. 31).

discens
Soldat, der für bestimmte Spezialwaffen oder Sonderaufgaben 'angelernt' wurde. Der discens aquiliferum und der discens signiferum erlernten die Buchführung, da dem → aquilifer oder dem → signifer die Kassenverwaltung oblag (CIL 3, 3565 = D 2393); vgl. librator.

Abb. 30 Grabstein eines → decurio

In der unter dem Inschriftfeld dargestellten Szene hält der → calo die Pferde des → decurio.

T(ito) Aur(elio) T(iti) f(ilio) Genetivo / dec(urioni) eq(uitum) sing(ulariorum) Aug(usti) nat(ione) / Noricus vix(it) an(nos) XXIX / mil(itavit) ann(os) X amici / faciend(um) curav(erunt)

Dem Titus Aurelius Genetivus, des Titus Sohn, → decurio der → equites singulares des Kaisers, dem gebürtigen Noriker, er lebte 29 Jahre, diente 10 Jahre, haben die Freunde (das Grabmal) errichten lassen.

CIL 6, 3206; Walser 94; aus Rom; 2. Jh. n. Chr.

disciplina
Disziplin, als Disciplina militaris Göttin der militärischen Disziplin (AE 1973, 629).

dispensator
Soldat, der für die Verteilung der Lebensmittel zuständig war, wie der dispensator horreorum, der Lebensmittel aus dem → horreum zuteilte (AE 1973, 471); vgl. cibariator.

doctor
Lehrmeister im Gebrauch der Waffen (armorum) (CIL 6, 533 = D 2088); beispielsweise der doctor sagittariorum, der die Bogenschützen ausbildete (CIL 6, 3595).

dolabrarius
Axtschmied (CIL 13, 7723).

dolator
Seesoldat, der für das Vorsegel einer → liburna zuständig war (AE 1967, 114).

domesticus
Hoher Bürobeamter der Spätantike (CIL 12, 2103).

domicurator
→ domicurius (AE 1917/18, 76).

domicurius
Soldat aus dem Personal des Statthalters, der sich um dessen Wohnung, 'Haus', kümmerte, eine Art Butler (CIL 8, 2797 = D 2413); domus hießen die Wohnhäuser der Offiziere im Lager.

dona militaria
Militärische Auszeichnungen, Orden; unterschiedlichen Rangstufen standen bestimmte Orden unterschiedlicher Zahl zu. So erhielt etwa der → praefectus cohortis, auf der ersten Stufe der → militia equestris, eine → corona und eine

IMP CAESAR DIVI NERVAE F NERVA TRAIANVS
AVGVSTVS GERMANICVS DACICVS PONTIFEX MA
XIMVS TRIBVNIC POTESTAT XI IMP VI COS V P P
EQVITIBVS ET PEDITIBVS QVI MILITAVERVNT IN
ALIS QVATTVOR ET COHORTIBVS DECEM ET VNAM
QVAE APPELLANTVR I HISPANORVM AVRIANA
ET AVGVSTA THRACVM ET I SINGVLARIVM C R
P F ET I VLPIA DROSI BREVCORVM ET I PII
P F ET I FORVM ET II BRACARAVGVSTANORVM ET
I LEPIDIANA THRACVM ET I ET II THRACVM C R ET II S RI
TANNORVM ET I ... BATAVORVM ... ET III GAL
LORVM ET VARCIACAVGVSTANORVM ET III
LINGONVM ... SVNT IN RAETIA SVB ... IN
... LINGONVM ... ET VICENISPLVRIBVS
... STIPENDIIS EMERITIS DIMISSIS HONES
TA MISSIONE QVORVM NOMINA SVBSCRIPTA
SVNT IPSIS LIBERIS POSTERISQVE EORVM

CIVITATEM DEDIT ET CONNVBIVM CVM VXO
RIBVS QVAS TVNC HABVISSENT CVM EST CI
VITAS IIS DATA AVT SIQVI CAELIBES ESSENT
CVM IIS QVAS POSTEA DVXISSENT DVMTA
XAT SINGVLI SINGVLAS PR K IVL

C MINICIO FVNDANO C VETTENNIO SEVERO COS
ALAE I HISPANORVM AVRIANAE CVI PRAEST
M INSTEIVS M F PAL CELERVS
EX GREGALE
MOGETISSAE CONNATI F I... BOIO
ET VERI FVNDAI C... ATI FILIA I VXORI EIVS EQVAN
ET MATTVLLAE FILIAE EIVS
DESCRIPTVM ET RECOGNITVM EX TABVLA AE
NEA QVAE FIXA EST ROMAE IN MVRO POST
TEMPLVM DIVI AVG AD MINERVAM

Abb. 31 Militärdiplom

Abgebildet ist eine Außenseite.

Imp(erator) Caesar divi Nervae f(ilius) Nerva Traianus / Augustus Germanicus Dacicus pontifex ma/ximus tribunic(ia) potest(ate) XI imp(erator) VI co(n)s(ul) V p(ater) p(atriae) / equitibus et peditibus qui militaverunt in / alis quattuor et cohortibus decem et una{m} / quae appellantur I Hispanorum Auriana / et I Augusta Thracum et I Singularium c(ivium) R(omanorum) / P(ia) F(idelis) et II Flavia P(ia) F(idelis) ∞(milliaria) et I Breucorum et I et II / Raetorum et III Bracaraugustanorum et III / Thracum et III Thracum c(ivium) R(omanorum) et III Bri/tannorum et III Batavorum ∞(milliaria) et IIII Gal/lorum et V Bracaraugustanorum et VII / Lusitanorum et sunt in Raetia sub Ti(berio) Iu/lio Aquilino quinis et vicenis pluribus/ve stipendiis emeritis dimissis ho/nesta missione quorum nomina subscripta / sunt ipsis liberis posterisque eorum / civitatem dedit et conubium cum uxo/ribus quas tunc habuissent cum est ci/vitas iis data aut siqui caelibes essent / cum iis quas postea duxissent dumta/xat singuli singulas pr(idie) K(alendas) Iul(ias) / C(aio) Minicio Fundano C(aio) Vettennio Severo co(n)s(ulibus) / alae I Hispanorum Aurianae cui prae(e)st / M(arcus) Insteius M(arci) f(ilius) Pal(atina tribu) Coelenus / ex gregale / Mogetissae Comatulli f(ilio) Boio / et Verecundae Casati filiae uxori eius Sequan(ae) / et Matrullae filiae eius / descriptum et recognitum ex tabula ae/nea quae fixa est Romae in muro post / templum divi Aug(usti) ad Minervam

Imperator Caesar, des Staatsgottes Nerva Sohn, Nerva Traianus Augustus (98–117 n. Chr.), der Germanensieger, der Dakersieger, oberster pontifex, zum elften Mal Inhaber der tribunizischen Gewalt, zum sechsten Mal zum Imperator (ausgerufen), Konsul zum fünften Mal, Vater des Vaterlandes, hat den → equites und → pedites, die Dienst taten in vier → alae und elf → cohortes, deren Namen lauten: die I der Spanier Auriana und die I Augusta der Thraker und die I Singularium römischer Bürger, die ehrfürchtige (und) treue, und die II Flavia, die ehrfürchtige (und) treue, tausend Mann stark, und die I der Breuker und die I und II der Raeter und die III der Bracaraugustaner, und die III der Thraker und die III der Thraker römischer Bürger und die III der Britannier und die III der Batiaver, tausend Mann stark, und die IIII der Gallier und die V der Bracaraugustaner und die VII der Lusitaner, die sich in Raetien unter (dem Oberbefehl des) Tiberius Iulius Aquilinus befinden, die fünfundzwanzig oder mehr Jahre gedient und die → missio honesta erhalten haben, deren Namen unten aufgeschrieben sind (nicht aufgeführt), (Traian hat) ihnen persönlich, ihren Kindern und deren Nachkommen die → civitas verliehen und → conubium mit den Frauen, die sie zu dem Zeitpunkt hatten, als ihnen der civitas verliehen wurde, oder, wenn sie ledig waren, mit denen, die sie später heiraten werden, allerdings jeder nur eine (Ehefrau); am Tag vor den Kalenden des Juli (30. Juni) des Jahres, in dem Gaius Minicius Fundanus, Gaius Vettennius Severus Konsuln waren (107 n. Chr.). (Die Urkunde ist ausgefertigt) aus der ala I der Spanier Auriana, der vorsteht Marcus Insteius Coelenus, des Marcus Sohn, aus (dem Stimmbezirk) Palatina, dem ehemaligen (→ ex) → gregalis Mogetissa, des Comatullis Sohn, dem Boier und der Verecunda, des Casatus Tochter, seiner Gattin, der Sequanerin, und Matrulla, seiner Tochter. Abgeschrieben und überprüft von der Bronzetafel, die angebracht ist in Rom an der Mauer hinter dem Tempel des Staatsgottes Augustus bei der Minerva(statue).

CIL 16, 55; aus Weißenburg; 107 n. Chr.

→ hasta pura. Die Kommandeure der zweiten Stufe corona, hasta pura und zusätzlich ein → vexillum. Dem einfachen Soldaten standen meist → armillae, → torques und → phalerae zu (Abb. 5, 7, 20, 32, 52, 64). Vgl. armillae, clipeus, corona, hasta, phalerae, torques, vexillum.

donativum

Geldgeschenk, das die Kaiser zu außerordentlichen Gelegenheiten – Mündigwerden des Nachfolgers, Thronbesteigung – an das ganze Heer, Mann für Mann, austeilten. Claudius (41–54 n. Chr.) gab zu Beginn seiner Regierungszeit an die Soldaten der → cohortes praetoriae 15.000 Sesterzen, den fünffachen Jahressold (Sueton, Claudius 10, 4). Die Hälfte eines solchen donativum mußte im → depositum verwahrt werden.

draco

Feldzeichen in der Gestalt eines Drachens aus Metall oder farbigem Stoff auf einer Stange für die → cohors der Legion (Vegetius 2, 13).

draconarius

Träger eines → draco (CIL 6, 32 968).

dromadarius, dromedarius

Kamelreiter (CIL 3, 93).

ducenarius

Hauptmann über 200 Mann (CIL 5, 5833); vgl. trecenarius.

duplari(u)s, duplicarius

Soldat, der doppelte Besoldung erhielt (CIL 6, 3285; 6, 31155); vgl. stipendium. Befehlshaber einer → turma unter dem → decurio (Abb. 22).

dux

Militärischer Befehlshaber in der Spätantike (CIL 6, 1450 = D 2935).

 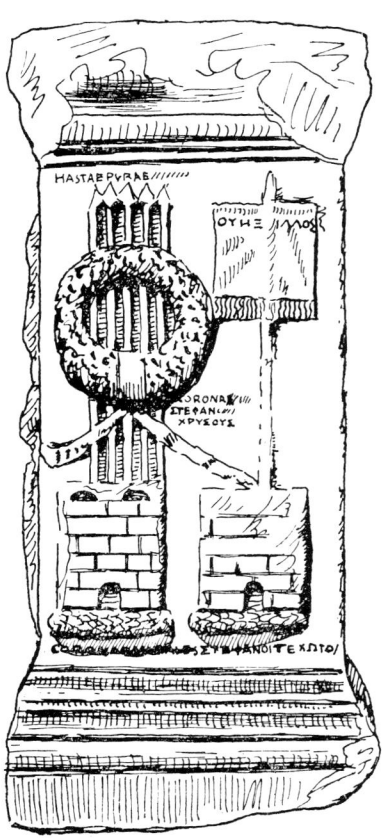

Abb. 32 Militärische Auszeichnungen

Die Vorderseite des Inschriftsteins enthält den Text; an den beiden hier abgebildeten Schmalseiten sind die im Text genannten → dona militaria dargestellt. – Rechts: auf der linken Seite fünf → hastae purae, davor eine → corona aurea und unten eine → corona vallaris; rechts davon ein → vexillum über einer zweiten corona vallaris. Die dargestellten Auszeichnungen sind jeweils lateinisch und griechisch benannt: hastae purae – (die griechische Entsprechung fehlt); (kein lateinischer Ausdruck) – ΟΥΗΞΙΛΛΟΣ; corona [aur]e[a] – ΣΤΕΦΑΝ[ΟΣ] ΧΡΥΣΟΣ; coronae vallares – ΣΤΕΦΑΝΟΙ ΤΕΙΧΩΤΟ[Ι];

Links: außer einem vexillum sind drei → coronae murales dargestellt. [ΟΥΗΞΙ] ΛΛΟΣ; coronae murales – ΣΤΕΦΑΝΟΙ ΠΥΡΓΩΤΟ[Ι]
Sex(to) Vibio Gallo tre/cenario primipila/ri praef(ecto) kastror(um!) leg(ionis) / XIII Gem(inae) donis dona/to ab Imperatoribus / honoris virtutisq(ue) / causa torquib(us) armil/lis phaleris coronis / muralibus III vallar[i]/bus II aurea I hastis / puris V vexillis II / Sex(tus) Vibius Cocce/ianus patrono / bene merenti

Für Sextus Vibius Gallus, den → trecenarius, (dann) → primipilaris, (dann) → praefectus castrorum der → legio XIII Gemina, der → dona militaria erhalten hat von den Kaisern aufgrund seiner Ehre und Tapferkeit, (und zwar) → torques, → armillae, → phalerae, drei → coronae murales, zwei → coronae vallares, eine → corona aurea, fünf → hastae purae, zwei → vexilla; Sextus Vibius Cocceianus hat (das Grabmal) seinem wohlverdienten Patron (aufgestellt).

CIL 3, 13648 = D 2663; aus Amastri; 2. Jh. n. Chr.

E

electus
Für eine bestimmte Aufgabe 'ausge-wählter' Soldat (CIL 11, 5215 = D 2650).

emaginifer
→ imaginifer (CIL 8, 9291 = D 2519).

emeritus
Soldat, der zwar die volle Dienstzeit erreicht hat, aber noch nicht entlassen worden ist (CIL 6, 37 295).

emituliarius
Vermutlich Gehilfe des → sebaciarius (CIL 3, 3076 = D 3189).

epibata, epibeta
Schiffssoldat (CIL 3, 14 567 = D 9225).

epistularius
Soldat aus dem Personal eines Statt-halters, der für dessen (private?) Korre-spondenz zuständig war (AE 1967, 444).

eques, equites
'Reiter', der → gregarius der Reiter-truppen (→ ala, cohors equitata, legio [Abb. 3, 13, 16, 31, 33, 35, 61, 64]).

eques singularis, equites singulares
Berittener Leibgardist des Kaisers in Rom (eques singularis Augusti [Abb. 22, 30, 53, 58], Imperatoris [CIL 6, 3237] oder domini nostri [CIL 6, 3281]) sowie der senatorischen Legionskommandanten und Statthalter.

equis(i)o
Pferdepfleger (CIL 3, 13 370).

ergodotes
Flottensoldat (AE 1899, 35); vgl. epibata.

evocatus
Soldat vor allem der → cohors praetoria, aber auch der → cohors urbana, der eh-renhaft entlassen worden war (→ missio, missus honesta missione) und sich er-neut, mit der Aussicht auf Beförderung zum → centurio (legionis), verpflichtet hat (Abb. 64). Da dies durch kaiserliche Ernennung erfolgte, nannte er sich häu-fig evocatus Augusti (CIL 6, 3214).

ex(s)
Soldaten, die ihre Einheiten oder ihre Dienstgrade mit ex ... (aus ...) angaben, waren aus diesen ausgeschieden (Abb. 17, 43, 49, 68).

Abb. 33 Grabstein eines → eques

Fronto / Dregeni / f(ilius) natione / Ubius eques / ala(e) Ind[ianae] / ...

Für Fronto, des Dregenus Sohn, von Geburt Ubier, → eques der → ala Indiana ...

AE 1929, 130; Mainz 76; aus Mainz; 1. Jh. n. Chr.

exactor
Schreiber, Helfer bei der Steuereinziehung (AE 1898, 109).

exactus
Ein unter dem → actarius fungierender Schreiber, Aktenverwalter (Abb. 34).

exarc(h)us
→ hexarchus (CIL 3, 405 = D 2792).

ex causa
Aus Krankheitsgründen entlassener Soldat (CIL 6, 31143).

exceptor
Stenograph und Protokollführer, der unter anderem auf den Stationen (→ statio) der → beneficiarii verwendet wurde (CIL 3, 5293).

Abb. 34 Grabmal eines → exactus

Das Pfeilergrabmal zeigt im oberen Teil – von links nach rechts – den Verstorbenen, seine Mutter, seinen Vater und den Stifter des Grabmals, den Bruder des → exactus. Der Soldat trägt Uniform, an seiner rechten Seite ist der → gladius zu erkennen. Auf dem Block unter dem Inschriftfeld sind Symbole eingemeißelt, die das Verfügungsrecht des Stifters über das Grab dokumentieren. Der Tod des Soldaten war Anlaß für die Familie, ein Familiengrab noch zu Lebzeiten der übrigen Mitglieder zu errichten; die Reihenfolge der Darstellung wird im Text aufgegriffen.

D(is) M(anibus) / T(ito) Fl(avio) Primano patri et / Traian(iae) Clementinae / matri et / T(ito) Fl(avio) Clementi fratri / mil(iti) leg(ionis) III Italic(ae) / exacto co(n)s(ularis) / qui vixit annis XXIIII / T(itus) Fl(avius) Martialis sibi / et parentibus suis / vivos fecit

Den Totengöttern (geweiht). Für Titus Flavius Primanus, seinen Vater, und Traiania Clementina, seine Mutter, und Titus Flavius Clemens, seinen Bruder, den → miles der → legio III Italica, den → exactus consularis, der 24 Jahre lebte; Titus Flavius Martialis hat (das Grabmal) für sich und seine Eltern zu Lebzeiten errichtet.

CIL 3, 5812 = D 2386; aus Augsburg; 2./3. Jh. n. Chr.

excubatio
Wache.

excubitor
Wachsoldat, dem auch Hunde zur Verfügung standen (Fink 50).

excubitorium
Wachlokal, wie das excubitorium ad tutel(am) signor(um) et imagin(um) sacrar(um), das Wachlokal zum Schutz der geheiligten → signa und → imagines (CIL 3, 3526 = D 2355).

exercitatio
Übung, Manöver (CIL 8, 18042 = D 2487).

ex(s)ercitator
Exerziermeister (CIL 6, 224 = D 2185).

exercitia
Übung (CIL 8, 17910).

exercitus
Das taktisch 'geübte' Heer.

expeditio
Kriegszug, beispielsweise expeditio Parthica, ein Kriegszug gegen die Parther (CIL 6, 225 = D 2186).

expleta statione
Nach beendeter Dienstzeit in einer → statio (CIL 8, 10718 = 17626).

explorator(es)
Selbständig organisierte militärische Spezialeinheiten, die wie die → numeri auf 'national'-ethnischer Basis rekrutiert und durch Zusatzbezeichnungen wie Nemaningenses (Nemaninga = Obernburg) unterschieden wurden (Abb. 28, 35). Sie waren wohl gemischte Abteilungen von weniger als 100 Mann und wurden von einem → praepositus, einem abkommandierten → centurio legionis oder einem → praefectus befehligt.

extraordinarii
Außerordentliche, auserlesene Soldaten der Hilfstruppen.

Abb. 35 Grabstein eines → explorator

Das Relief zeigt den → eques mit dem typischen ovalen Schild.

D(is) M(anibus) / Respecto Be/ri (filio) an(norum) XXIII c(ivi) S(uebo) N(icreti) exp/loratori Can/didus Beri (filius) frat(er) proc(uravit)

Den Totengöttern (geweiht). Für Respectus, des Berus (Sohn), 23 Lebensjahre, → explorator, Bürger der Neckarsueben (Ladenburg). Candidus, des Berus (Sohn), der Bruder, hat (für den Grabstein) gesorgt.

CIL 13, 11735; aus Heidelberg; 2./3. Jh. n. Chr.

F

faber

Handwerker (CIL 10, 3421 = D 2831). Habet praeterea legio fabros tignarios structores carpentarios ferrarios pictores reliquosque artifices ad hibernorum aedificia fabricanda (Vegetius 2, 11): darüber hinaus verfügt die → legio über Handwerker, Zimmerleute, Bauleute, Stellmacher, Schmiede, Maler und weitere Werkmeister, um die Gebäude der Standlager (→ hiberna) zu errichten.

fabrica

Werkstatt, Fabrik vor allem für Waffen (Abb. 15); vgl. officina.

fabric(i)e(n)sis

Arbeiter in einer Waffenfabrik (CIL 3, 6).

factus

Soldat, der zu etwas 'gemacht', einberufen, versetzt (CIL 6, 2977 = D 2173) oder befördert wurde: factus dupli(carius) a divo Troiano(!), befördert zum → duplicarius vom Staatsgott (also verstorbenen Kaiser) Traian (98–117 n. Chr.) (AE 1969/70, 583); vgl. suffragium.

falarica

Brandpfeil.

falciarius

Soldat der → cohors vigilum, der beim Löschen eine → falx, eine lange Stange, zum Einreißen brennender Bauten einsetzte (CIL 6, 3744).

ferrarius

'Eisen'arbeiter, Schmied (Digesten 50, 6, 7); vgl. faber.

fig(u)lina

Ziegelwerkstatt; in Dacia befehligte ein

miles → cohortis I sagittariorum als → magister die 60 in einer solchen Werkstatt tätigen Soldaten (AE 1939, 19).

figlinarius

Soldat, der in einer → figlina tätig war (AE 1960, 120).

fisci curator

Kassenverwalter (AE 1984, 68).

frumentarius

In Rom: In ihrem Hauptquartier, den → castra peregrina, bildeten die berittenen frumentarii einen → numerus, wurden aber weiterhin in den Listen ihrer → legio geführt. Ihre Aufgabe war der Botendienst; auf einem Grabstein heißt es von einem solchen Soldaten, daß er 40 Jahre lang unterwegs war: qui cucurrit [f]rum(entarius) ann(os) XL (CIL 3, 2063 = D 2370). Zusammen mit diesem Botendienst versahen sie Spitzeltätigkeiten und erledigten gelegentlich Mordaufträge. In den Provinzen im → officium der Statthalter: Hier übten die ebenfalls aus den Legionen abgezogenen frumentarii mit → beneficiarii, regionarii, stationarii gemeinsam Polizeifunktionen aus.

frumentum

Getreide, Nahrungsmittel für das Heer.

furca

Gegabelter Stab, an dem der Soldat seine Ausrüstung trug.

G

genius

Eine Art göttliches Lebens- und Wirkungsprinzip, das Einzelpersonen, aber auch Kollektive wie das Heer, Truppenteile oder ein → collegium hatten (Abb. 6, 36).

gladiarius

Waffenhändler (CIL 13, 6677).

gladiator

Flottensoldat, der mit dem → gladius kämpft (CIL 13, 8831).

gladius

Kurzes Schwert (Abb. 8, 19, 21, 34, 54).

gradus

Rangstufe. Antoninus Pius (138–161 n. Chr.) beförderte einen → cornicularius → praefecti vigilum zum → centurio in Alexandria/Aegyptus, ordinem (→ ordo) Alexandriae dedit, weil er die entsprechenden Rangstufen durchlaufen hatte, per gradus militiae (CIL 11, 5693 = D 2666).

gregalis

→ gregarius (Abb. 31).

gregarius

Einfacher Soldat; der Ausdruck wird meist für Reiter verwendet (Tacitus, Historien 3, 51).

gubernator, gybernator

Steuermann eines Schiffes (CIL 6, 32 777; 10, 3430).

Abb. 36 Weihealtar für einen → Genius centuriae

Genio / centu/riae / Cl(audi) Cele/ris

Dem → Genius der → centuria des Claudius Celer (geweiht).

CIL 13, 7447; aus Kastell Saalburg; 2./3. Jh. n. Chr.

H

harmorum custos
→ armorum custos (CIL 10, 3395 =
D 2883).

haruspex
Opferbeschauer (AE 1917/18, 57).

hasta
Lanze (Abb. 3, 11, 13), ersetzt im
3. nachchristlichen Jahrhundert das
→ pilum.

hasta pura
Kleine silberne Ehrenlanze als Orden,
meist wurden mehrere auf einmal vergeben (Abb. 32).

(h)astatus
Dritthöchster → centurio der → cohors I
einer → legio (CIL 8, 2825 = D 2214).

hastatus posterior
→ centurio (CIL 6, 31159).

hastatus prior
→ centurio (CIL 2, 4147 = RIT 178).

(h)astarius
'Lanzen'träger (AE 1959, 336).

hastifer
'Lanzen'träger (CIL 13, 7281 = D 3805).

hastiliarius
Lanzenreiter (CIL 8, 2562).

(h)exarchus
Untergeordneter Reiterbefehlshaber
(CIL 3, 4832 = 11 506 = D 2528).

hexeris
Schiff mit sechs Ruderreihen übereinander (CIL 14, 232 = D 2835).

hiberna (castra)
Winterlager; allgemeine Bezeichnung
für das Legionslager (S-H 94).

homo
Mensch, Mann; gelegentlich Bezeich-
nung eines Soldaten (CIL 6, 31138 =
D 2180)

honesta missio
→ missio, missus honesta missione
(CIL 8, 2094 = D 2518).

hordinarius
→ ordinarius (AE 1911, 236).

hordinatus
→ ordinatus (CIL 8, 9967).

horologiarius
Aufseher der Wasseruhr im Lager
(CIL 3, 1070 = D 5625).

horrearius
Magazinverwalter (CIL 6, 221 = D 2160).

horreum
Magazin, unter anderem Getreidespei-
cher (Abb. 15); vgl. dispensator, librarius.

hydraularius
Wasserorgelspieler, der etwa beim Ablauf
verschiedener Kulthandlungen tätig
wurde (CIL 3, 10 501).

I

iaculus

Speer (AE 1987, 746).

imaginifer

Träger einer → imago (Abb. 37). Gelegentlich wurde der Träger des Bildes des Augustus, des regierenden Kaisers (imaginifer Augusti) (CIL 6, 1057), von demjenigen unterschieden, der das Bild des Caesar, des vorgesehenen Nachfolgers, trug (imaginifer Caesaris) (CIL 6, 1058 = D 2157).

imago

Feldzeichen mit dem Brustbild des Kaisers (Abb. 37); solche Bilder zeigten den oder die lebenden Kaiser nebst dem oder den vorgesehenen Nachfolgern wie die verstorbenen Herrscher als Staatsgötter. Solche Kaiserbilder sollten den Soldaten die Allgegenwart ihres höchsten Befehlshabers vor Augen führen.

immaginifer

→ imaginifer (CIL 3, 8735).

Abb. 37 Grabstein eines → imaginifer

Der → imaginifer ist mit der → lorica und → einem cingulum bekleidet, das mit → pteryges verziert ist; er trägt rechts die → spatha und links den → pugio. In der Rechten hält er das Kaiserbild, in der Linken eine Schriftrolle.

Genialis Clusiodi / f(ilius) imag(inifer) ex coh(orte) VII / Rae(torum) an(norum) XXXV stip(endiorum) / XIII h(eres) p(osuit)

Genialis, des Clusiodus Sohn, → imaginifer aus der → cohors VII der Raeter, 35 Lebensjahre, 13 Dienstjahre. Sein Erbe hat (das Grabmal) aufgestellt.

CIL 13, 11 868 = D 9167; Mainz 85; aus Mainz; 1. Jh. n. Chr.

immunis

Der immunis war ein Soldat mit speziellen Tätigkeiten, der → immunitas genoß. Gehaltsmäßig war er wohl dem → miles gleichgestellt, im Selbstverständnis der Soldaten galt er jedoch als → principalis. Zu den immunes gehörten beispielsweise sämtliche Handwerker (Abb. 15; CIL 6, 3236 = D 2204).

immunitas

Befreiung von einigen unangenehmen Aufgaben (Schanzarbeit, Wachdienst, Wasserholen, Fouragieren, Holzfällen; CIL 13, 6740a = D 7085); wer diese Befreiung genoß, war → immunis.

impedimenta

Schweres Gepäck, das vom Troß transportiert wurde: pro inpedi(mentis!) >(centuriae), für den Troß seiner → centuria, weihte ein Soldat einen Altar (CIL 3, 10 459). Zum Troß zählten etwa 400 Mann als Führer der Zug- und Tragtiere.

impeditus

Der Gepäck tragende Soldat, der noch nicht zum Kampf gerüstet ist (Vegetius 3, 13).

incursatio

Überfall, wie die incursatio barbarorum, Überfall der Barbaren (AE 1957, 236).

inquisitio

Prüfung der Rekruten (AE 1951, 31); → tiro.

interfectus

Getötet; interfectus a Castabocis, getötet von den Castaboci, wurde ein Soldat während der Markomannenkriege unter Marc Aurel (161–180 n. Chr.; CIL 3, 14 212,12 = D 8501).

interpres

Dolmetscher für die dem Reich nicht angehörenden Barbaren. Eine Inschrift nennt einen interpres Ge[rmanoru]m off(icii) co(n)s(ularis), einen Dolmetscher für die Germanen im Büro des konsularen (Statthalters → consularis; CIL 3, 10 505).

interprex

→ interpres (AE 1947, 35).

K

k → c.

karcer
→ carcer (CIL 3, 10 493k).

kastra
→ castra (CIL 6, 3288).

L

lanc(h)iarius
Lanzenträger (CIL 3, 6194 = D 2781).

laniarius
Metzger (AE 1975, 869); vgl. macellum.

lanio
Metzger (Digesten 50, 6, 7); vgl. macellum.

lapidarius
'Stein'brucharbeiter, Steinmetz (Digesten 50, 6, 7).

laterculensis
Soldat, der die Besorgung des → laterculum unter sich hat (AE 1949, 108).

laterculum
Verzeichnis aller Posten einer Truppe.

laticlavius
→ tribunus.

lectus
Als Rekrut 'ausgewählter' Soldat; auch lectus ex legione, aus einer → legio ausgesucht, um in eine → cohors praetoria versetzt zu werden (CIL 13, 6824).

legatus Augusti
'Beauftragter', Statthalter des Kaisers. Der Statthalter der unter Domitian (81–96 n. Chr.) eingerichteten Provinz Obergermanien führte den Titel legatus Augusti pro praetore provinciae Germaniae superioris (Abb. 23). Dafür kam etwa seit der Mitte des zweiten nachchristlichen Jahrhunderts die abkürzende Bezeichnung → consularis in Gebrauch. Ein solcher Statthalter gehörte dem Senatorenstand, der höchsten Gesellschaftsschicht Roms, an und hatte vor

der Übernahme der Statthalterschaft bereits den Konsulat innegehabt; deshalb wurde er consularis = gewesener Konsul genannt. Der Statthalter war Oberbefehlshaber des gesamten Heeres seiner Provinz (Abb. 38, 62).

legatus legionis
Senatorischer Legionskommandeur, wenn es sich um eine Provinz mit mehr als einer Legion handelte; sonst war der

→ legatus Augusti zugleich Legions-Kommandeur (CIL 6, 1377 = D 1098).

legio
Die Legion, von legere = auswählen, war die operative Einheit des römischen Heeres (Abb. 2, 8, 15, 19–21, 29, 32, 34, 41–44, 46–49, 51, 59, 60, 67, 68, 70). Die legio bestand aus 10 → cohortes, deren erste nominell 1.105 Fußsoldaten und 132 Reiter umfaßte; die übrigen neun Kohorten hatte je 550 Fußsoldaten und etwa 66 Reiter, also ergab sich insgesamt eine Sollstärke von 6.055 Fußsoldaten und 726 Reitern für die legio, die möglicherweise in der Realität nicht immer erreicht wurde. Die legio besaß ferner umfangreiches Kriegsmaterial aller Art und Armeehandwerker (→ faber). Das Verhältnis der Kampftruppen zu den übrigen Soldaten betrug ungefähr 4:1, das heißt es gab etwa 1.300/1.600 Soldaten, die nicht kämpften. Befehligt wurde die legio von einem → legatus legionis, dem als Stabsoffiziere sechs → tribuni militum zur Seite standen. Die legiones rekrutierten sich aus römischen Bürgern (→ civis Romanus). Am Ende der Regierungszeit des Augustus (27 v.–14 n. Chr.) gab es 25 legiones, deren Zahl im Laufe der Kaiserzeit bis Traian (98–117 n. Chr.) kontinu-

Abb. 38 Weihealtar für Iupiter

I(ovi) O(ptimo) M(aximo) / pro salute / Imp(eratoris) Caes(aris) / P(ubli) Ael(i) Hadr(iani) / Antonini / Aug(usti) Pii p(atris) p(atriae) / A(ulus) Iunius / Pastor L(ucius) / Caesennius / Sospes / leg(atus) Aug(usti)

Iupiter, dem Besten und Größten, (geweiht), für das Heil des Imperator Caesar Publius Aelius Hadrianus Antoninus Pius (138–161 n. Chr.) Augustus, des Vaters des Vaterlandes, (von) Aulus Iunius Pastor Lucius Caesennius Sospes, → legatus Augusti.

AE 1965, 239; Mainz 184; aus Mainz; Mitte 2. Jh. n. Chr.

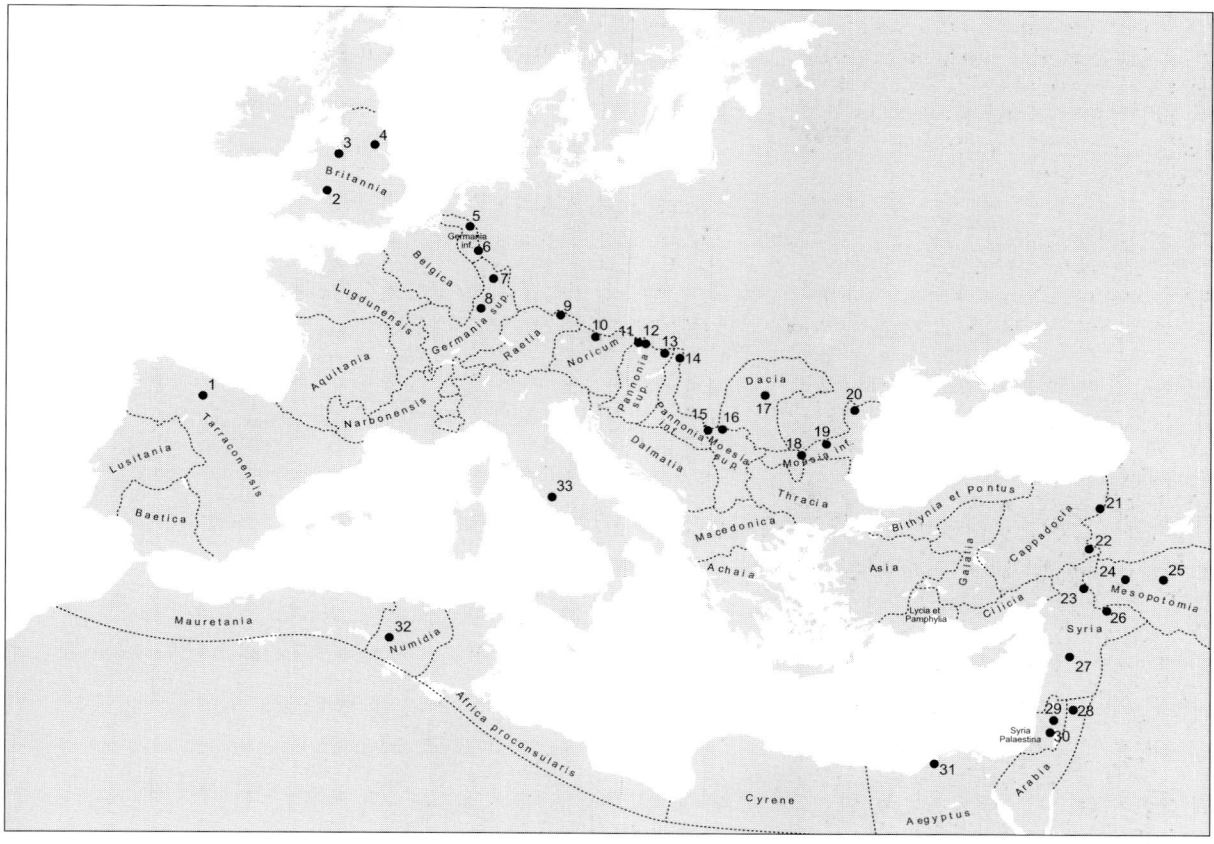

Abb. 39 Karte der Legionslager.

1 León/Legio/VII Gemina
2 Caerleon/Isca/II Augusta
3 Chester/Deva/XX Valeria Victrix
4 York/Eboracum/VI Victrix
5 Xanten/Vetera/XXX Ulpia Victrix
6 Bonn/Bonna/I Minervia
7 Mainz/Mogontiacum/XXII Primigenia
8 Strasbourg/Argentorate/VIII Augusta
9 Regensburg/Castra Regina/III Italica
10 Enns-Lorch/Lauriacum/II Italica
11 Wien/Vindobona/X Gemina
12 Bad Deutsch-Altenburg/Carnuntum/XIV Gemina
13 Komárom-Szöny/Brigetio/I Adiutrix
14 Budapest/Aquincum/II Adiutrix
15 Beograd/Singidunum/IV Flavia
16 Kostolac/Viminacium/VII Claudia

17 Alba Iulia/Apulum/XIII Gemina
18 Steklen/Novae/I Italica
19 Silistria/Durostorum/XI Claudia
20 Iglita/Troesmis/V Macedonica
21 Satala/XV Apollinaris
22 Malataya/Melitene/XII Fulminata
23 Zeugma/IV Scythica
24 Resaina/III Parthica
25 Sinjar/Singara/I Parthica
26 Sura/XVI Flavia
27 Hims/Emesa/III Gallica
28 Bosra/Bostra/III Cyrenaica
29 Caparcotna/VI Ferrata Victrix
30 Jerusalem/Aelia Capitolina/X Fretensis
31 Alexandria/Nicopolis/II Traiana
32 Lambaesis/III Augusta
33 Albano Laziale/Alba/II Parthica

ierlich auf 30 anstieg. Traian gab der ersten von ihm neugeschaffenen legio den Namen XXX Ulpia; mit der Ziffer ehrte er die Gesamtzahl der Legionen, mit dem Beinamen verewigte er seinen Familiennamen (Marcus Ulpius Traianus), wie er es mit seinem Zunamen bei der zweiten von ihm geschaffenen legio, der II Traiana, tat. Bis zur Regierung des Marc Aurel (161–180 n. Chr.) waren zwei Legionen untergegangen, für die der Kaiser zwei neue ins Feld stellte; Septimius Severus (193–211 n. Chr.) erhöhte die Zahl auf 33. Die Namen dieser

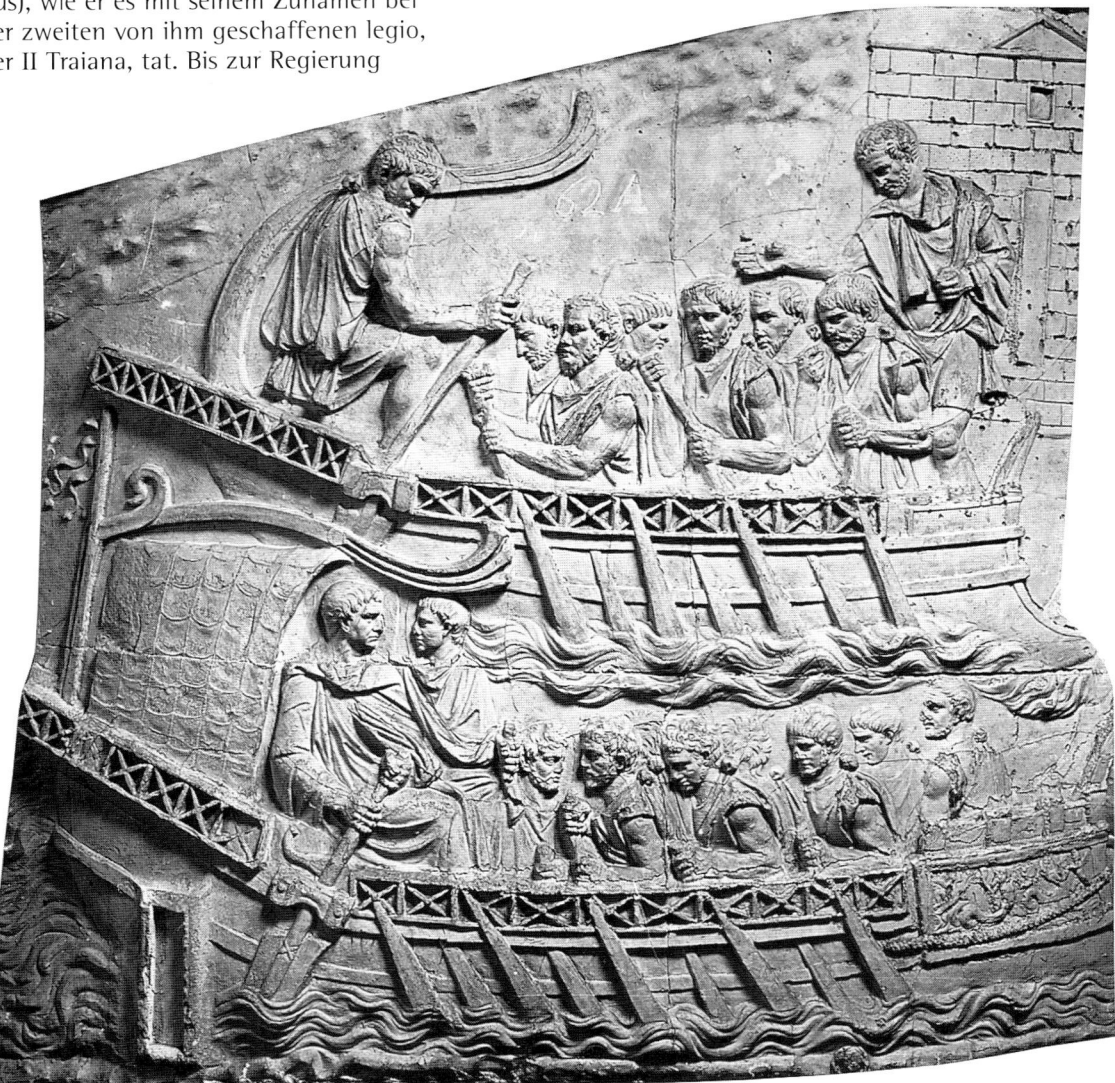

Abb. 40 Flußschiffe

Der Ausschnitt aus der Traianssäule zeigt zwei → liburnae auf der Donau.
Lehmann-Hartleben (wie Abb. 12) Taf. 19 XXXIV; Anfang 2. Jh. n. Chr.

33 legiones, nomina leg(ionum), listet eine Inschrift aus Rom auf (CIL 6, 3492 = D 2288). Eine → vexillatio der vier legiones beider germanischer Provinzen nennt eine Inschrift aus Aquincum/Pannonia inferior: vexil(lationes) IIII(quattuor) Germ(anicarum): VIII Aug(usta), X[X]II Pr(imigenia), I Min(ervia), XXX Ulp(ia) advers(us) defectores et rebelles; Septimius Severus (193–211 n. Chr.) hatte Teile dieser legiones gegen die Abtrünnigen und Rebellen, also gegen seine Rivalen um den Thron, eingesetzt (CIL 3, 10 471). Karte der Legionslager zur Zeit Traians (Abb. 39).

legionarius
Legionssoldat (CIL 13, 1854).

leo
Soldat aus der germanischen Leibwache Caracallas (211–217 n. Chr.; CIL 8, 21 567). In der Spätantike Name eines → numerus (CIL 5, 8755).

librarius
Schreiber im → officium einer militärischen Einheit (CIL 6, 33 036). Einige von ihnen hatten als Buchhalter und Rechnungsführer spezielle Aufgabenbereiche.

librarius caducorum
Kümmerte sich um die Hinterlassenschaften der Gefallenen (Digesten 50, 6, 7).

librarius depositorum
Kontrollierte das → depositum der Soldaten (Digesten 50, 6, 7).

librarius horreorum
Kontrollierte die → horrea (Digesten 50, 6, 7).

librator
Wasserbaufachmann. Ein → discens libratorum löste nach Fertigstellung eines Aquäduktes das Gelübde ein, das er zu Beginn der Arbeit Iupiter, dem Besten, gelobt hatte: votum quo[d] coepto op[ere] aquaeduc[tus fecerat] I(ovi) O(ptimo) solvit (AE 1942/43, 93).

liburna
Leichtes, schnelles Schiff mit zwei Ruderreihen und Segeln (Abb. 40).

lignaria
Schreinerei (CIL 13, 6618 = AE 1899, 194).

lignatio
Das Holzfällen (Vegetius 3, 8).

lignator
Holzfäller (Fink 47).

lippies
Kranker Soldat, der an einer Augenentzündung leidet (AE 1991, 1162).

limitanei
Grenztruppen (limitaneus = an den Grenzen befindlich) werden die seit der Heeresreform des Diokletian (284–305 n. Chr.) im Gegensatz zum beweglichen Marschheer (→ comitatenses) überwiegend an den römischen Reichsgrenzen stationierten Truppenelemente bezeichnet (DE 4, 2, 1376/77).

lixa
Angehöriger des Trosses; vgl. impedimentum (AE 1990, 862).

lorica
Der gebräuchlichste Körperschutz der römischen Armee war der Kettenpanzer, der auf den Grabsteinen am häufigsten wiedergegeben ist (Abb. 5, 8, 13, 37). Daneben gibt es den Schuppenpanzer (Abb. 20) und den Schienenpanzer, der im 1. und 2. Jh. n. Chr. primär von den Legionären getragen wird. Die Offiziere tragen zum Teil einen dem Körper nachgebildeten Muskelpanzer (Abb. 19).

M

macellum
Fleischlager der Truppe (CIL 8, 18 224 = D 2415).

magister
Befehlshaber einer Gruppe von Soldaten mit Sonderaufgaben, vergleichbar dem → optio; vgl. figlina.

magister ballistariorum
Befehlshaber der Soldaten, die bei der Herstellung von Geschütz(teil)en eingesetzt waren (CIL 5, 6632).

magister barcariorum
Befehlshaber der Soldaten, die auf 'Barken' Dienst taten (CIL 8, 21 568 = D 9227).

magister calcariorum
Befehlshaber der Soldaten, die für die Kalkbrennerarbeit ausgebildet waren (Abb. 41).

magister campi
Exerziermeister, Reitlehrer (Fink 48).

magister cohortis
Exerziermeister, Reitlehrer in einer → cohors (CIL 3, 10 307 = D 2540).

magister collegii
Vorsteher eines → collegium wie der mag(ister) col(legii) → conveter(anorum) (CIL 3, 11 189).

magister equitum
Exerziermeister, Reitlehrer (CIL 5, 8278 = D 2333). In der Spätantike Oberbefehlshaber aller Reitertruppen (CIL 3, 10 596 = D 762).

magister figlinariorum
Befehlshaber der Ziegelhersteller (CIL 13, 8729).

magister numeri
Exerziermeister, Reitlehrer in einem → numerus (CIL 8, 21 568 = D 9227).

magister plumbariorum
Befehlshaber der Bleiverarbeiter (AE 1976, 500).

Abb. 41 Weihealtar für Minerva

Minervae sacrum / T(itus) Aurelius / Exoratus m(iles) l(egionis) / XXX U(lpiae) V(ictricis) magist(er) / calc(ariorum) [-- ex ?] / HS(sestertiis) XXI ‹ (?) [v(otum) s(olvit)] l(ibens) m(erito)

Der Minerva geweiht. Titus Aurelius Exoratus, → miles der → legio XXX Ulpia, der siegreichen, → magister calcariorum ..., hat 21 ... Sesterzen (aufgewendet) und sein Gelübde (für erwiesene Wohltat) gern erfüllt.

AE 1977, 558; aus Iversheim; 2./3. Jh. n. Chr.

magister primus
Exerziermeister, Reitlehrer (CIL 5, 8750 = D 2801).

maioriarius
Vielleicht ein Verwalter von Dienstwohnungen der hohen Kommandeure (CIL 6, 3445).

manipulari(u)s
Generelle Bezeichnung für den Soldaten unterhalb des → centurio (CIL 9, 1095 = D 3444).

manipulus
Eine 'Handvoll', Teil einer → legio, dritter Teil einer → cohors, bestehend aus zwei → centuriae (AE 1925, 6).

marsus
Vielleicht ein Arzt, der auf die Behandlung von Schlangenbissen spezialisiert war (CIL 8, 2618).

mathematicus
Seesoldat, der die Position des Schiffes 'berechnete' (AE 1968, 471).

matricula
→ matrix (Vegetius 1, 26).

matric(ul)arius
Soldat, der die → matrix der → legio führte; in der Spätantike matricularius genannt (AE 1923, 34).

matrix
Stammrolle der → legio; in der Spätantike war die Bezeichnung matricula verbreitet.

medicus
Arzt; teilweise sind genaue Angaben der Spezialkenntnisse gemacht: medicus chirurgus (Chirurg, Wundarzt, behandelt Verletzungen; AE 1945, 62), medicus clinicus (behandelt Erkrankungen; CIL 6,

2532 = D 2093), medicus veterinarius (Tierarzt, ursprünglich der Lasttierpfleger; (CIL 6, 37 194); vgl. marsus.

medicus castrensis
Arzt im Lager (CIL 13, 1833 = D 2126).

medicus castrorum
Vielleicht der Chefarzt im Lager der → equites singulares in Rom (CIL 6, 31 172 = D 2193a).

medicus ordinarius
Arzt im Rang eines → centurio (RIB 1618).

me(n)sor
Soldat, der als Ingenieur, Vermessungsfachmann eingesetzt wurde (CIL 6, 2754 = D 2059).

me(n)sor agrarius
Landvermesser, etwa für das → territorium der → legio (CIL 6, 3606 = D 2668).

me(n)sor frumenti
Soldat, der für die Getreideversorgung zuständig war (CIL 5, 936 = D 2423).

me(n)sor librator
Vermessungsfachmann für das Nivellieren des Geländes (CIL 6, 2754 = D 2059); vgl. librator.

me(n)sor tritici
Soldat, der für die Getreideversorgung, speziell Weizen, zuständig war (AE 1907, 41).

metator
Vermessungsingenieur (Vegetius 2, 7); vgl. mensor.

miles
Soldat. Die Bezeichnung ist mit der Truppenart verbunden – miles → legionis (Abb. 2, 8, 21, 34, 41, 47, 54, 60),

miles → cohortis (Abb. 18, 22, 55, 65), miles → numeri (Abb. 45) – oder mit einem Rang – miles → beneficiarius. Ein solcher miles gibt häufig seine Dienstzeit mit der Formulierung 'militavit annos ...' an (Abb. 30, 53, 56): qui mil(itare) coep(it) an(nos) XX mil(itavit) an(nos) XXV post mis(sionem) an(nos) XXXV vix(it) an(nos) LXXX, der den

Militärdienst begann mit 20 Jahren, er diente 25 Jahre (und) nach seiner Entlassung (weitere) 35 Jahre, er lebte 80 Jahre (CIL 8, 2961); vgl. aera, caliga, salarium, stipendium.

milex
→ miles (CIL 6, 32 965 = D 2791).

milia passuum
Römische Meile, etwa 1,4 Kilometer.

militia equestris
Ritterliche Posten im Heer, als tres militiae, drei Dienststellungen, häufig in einer bestimmten Reihenfolge durchlaufene Kommandostellungen – 1: → praefectus cohortis quingenariae (etwa 300 Stellen reichsweit), 2: → tribunus militum legionis oder → tribunus cohortis milliariae (insgesamt etwa 190 Stellen), 3: → praefectus alae quingenariae (etwa 90 Stellen). Besonders verdiente Militärs konnten als → praefectus alae milliariae (neun Stellen) die quarta militia erreichen; vgl. a militiis (Abb. 50).

minister
Bediensteter eines Offiziers (CIL 6, 3358 = D 2372).

missicius
→ veteranus, der noch fünf Jahre in Reserve zurückgehalten wurde (Abb. 42).

Abb. 42 Grabstein eines → missicius

Q(uintus) Mar/cius Ba/lbus mi/ssicius / leg(ionis) XXI et / Celer f(ilius) eius / hic siti sunt

Quintus Marcius Balbus, → missicius der → legio XXI, und Celer, sein Sohn, sind hier bestattet.

CIL 13, 6951a; Mainz 51; aus Mainz; 1. Jh. n. Chr.

Abb. 43 Grabstein eines → centurio

L(ucio) Val(erio) L(uci) f(ilio) / Frontoni › (centurioni) / misso honesta / missione ex leg(ione) / I Adiutrici / heredes fili(i) eiusd(em) [p(osuerunt?)]

Für Lucius Valerius Fronto, des Lucius Sohn, den → centurio, den ehrenvoll aus der → legio I Adiutrix entlassenen, haben dessen Erben (und) Söhne (den Grabstein) aufgestellt.

AE 1924, 85; Mainz 4; aus Mainz; 1. Jh. n. Chr.

missio
Entlassung des Soldaten, als missio honesta die ehrenvolle Entlassung, als missio causaria die Entlassung eines dienstunfähigen Soldaten, als missio ignominiosa (Digesten 49, 16, 13, 3) die unehrenhafte Entlassung. Je nach Art der → praemia militiae war ferner von einer missio agraria (mit Landzuweisung; [CIL 3, 4057 = D 2462]) oder nummaria (mit Geldzuweisung [AE 1934, 226]; → commoda) die Rede. Der Tag der Entlassung wurde feierlich begangen (Abb. 31, 43, 49).

missus a causis
Wegen Invalidität entlassener Soldat (AE 1916, 48).

missus honesta missione
Bezeichnung für die ehrenvolle Entlassung (Abb. 31, 43, 49); vgl. missio.

molendarius
Müller (AE 1976, 869).

morans
Soldat, der sich vorübergehend irgendwo mit Sonderaufgaben 'aufhält'; morantes in procinctu, Soldaten, die in Kampfbereitschaft stehen (CIL 8, 17 956); morantes ad fenum sec(andum), Soldaten, die abgeordnet sind, um Gras zu mähen (CIL 8, 4322 = D 2484).

mulio
Tragtierführer und Fahrer im Troß (AE 1923, 44); vgl. impedimentum.

municeps
Bürger im Sinne von Landsmann (CIL 6, 3290). Im dritten nachchristlichen Jahrhundert Bezeichnung des → miles im Gegensatz zu dem → centurio (AE 1990, 795).

munifex
Im Unterschied zu dem → principalis rührt seine Bezeichnung daher, daß er gezwungen war, sämtliche Dienste (→ munus) zu verrichten, quia munera facere cogitur (Vegetius 2, 7; CIL 5, 896 = D 2332).

munus
Schwerer Dienst, schwere Arbeit wie Wache, Schanz- oder Steinbrucharbeiten, Fouragieren, Beschaffen von Baumaterial oder Brennholz (Vegetius 3, 8).

N

naofylax
→ nauphylax (CIL 10, 3447, 3449).

natio
→ numerus.

nauarchus
Schiffskapitän von → quadriremis und → penteris, im Rang eines → centurio (CIL 6, 32 772 = D 2843).

naufylax
→ nauphylax (CIL 10, 3454 = D 2861).

naupegus
Schiffszimmermann (Abb. 44).

nauphylax
Soldat, der das Schiff bewachte (CIL 10, 3445).

nauta
Matrose (D 9218).

navalia
Schiffswerft, Stapelplatz am Wasser (CIL 13, 6714 = D 2435).

negotiator
Soldat, der zwischen dem römischen Reich und den Barbaren Handel trieb (AE 1978, 635).

nonagenarius
Vielleicht Befehlshaber einer Truppe von 90 Flottensoldaten oder Angehöriger einer solchen Gruppe (CIL 10, 3456 = D 2882).

Abb. 44 Grabstein eines → naupegus

D(is) M(anibus) / M(arco) M() M() / veteran/o leg(ionis) XXII P(rimigeniae) / P(iae) F(idelis) naupego / et fil(io) Ianua/rio p(onendum) cura/vit Quart(i)a / Saturnina / coniux in / suo sibi

Den Totengöttern (geweiht). Für Marcus M. M., den → veteranus der → legio XXII Primigenia, der ehrfürchtigen (und) treuen, den → naupegus, und für den Sohn Ianuarius. Für die Aufstellung (des Grabsteins) hat Sorge getragen Quartia Saturnina, die Gattin, auf eigenem Grundstück (auch) für sich selbst.

CIL 13, 11 861; D 9226; Mainz 64; aus Mainz; 2./3. Jh. n. Chr.

notarius

Schreiber, Sekretär (CIL 8, 2755 =
D 2428).

numerus

Numerus ist eine ungenaue Bezeichnung
und meint jede militärische Einheit
wie die Abteilungen der → equites
singulares (CIL 6, 31142). Meist sind
aber irreguläre kleinere (etwa 120 Mann)
gemischte militärische Verbände gemeint, die auf ethnischer Grundlage
rekrutiert wurden; für sie lautet der terminus technicus 'nationes'. Diese Soldaten erhielten ihre Befehle in ihrer jeweiligen Muttersprache. Es waren orts-
gebundene, leichte, mobile Truppen
für Aufklärung, Beobachtung und Über-
wachung, die bei Bedarf zur Verstärkung
des Heeres herangezogen wurden. Sie
kämpften mit ihren jeweils typischen
Waffen, wurden von einem → praepositus befehligt und waren in Kleinkastel-
len stationiert (Abb. 16, 17, 28, 45);
vgl. frumentarius.

numerus collatus

'Gesammelte' Truppe, eine Art → vexillatio, die aber kein → vexillum führte
(AE 1968, 31).

Abb. 45 Basis einer Iupitersäule

Die Figur des auch in der Inschrift genannten
Iupiter, die auf dem sechseckigen Sockel
stand, ist verloren. Auf dem hier nicht abgebildeten Seiten der Basis befinden sich
Darstellungen der (im Text erwähnten) Iuno
sowie der Minerva und des Mercur.

I(ovi) O(ptimo) M(aximo) / et Iun(oni)
Reg(inae) / Finitius Fi/delis mil(es) / n(umeri)
Cadda/rensium / in suo / pos(u)it / Fusco et /
Dextr(o) co(n)s(ulibus)

Iupiter, dem Besten und Größten, und Iuno
Regina (geweiht). Finitius Fidelis, → miles des
→ numerus der Caddarenser, hat (die Iupitersäule) auf eigenem Grundstück aufgestellt in
dem Jahr, in dem Fuscus und Dexter Konsuln
waren (225 n. Chr.).

CIL 13, 7268 = D 2626; Mainz 146; aus
Mainz; 225 n. Chr.

O

obtio
→ optio (CIL 13, 7006).

occisus
Getötet, gefallen; occeis(us!) in Gallia, gefallen in Gallien, heißt es auf einem Grabstein (CIL 10, 3886 = D 2225).

officialis
So wird die in einem → officium einer militärischen Einheit, vor allem aber im Büro des Statthalters, tätige Unteroffizierscharge genannt. Je nach Benennung des Kommandeurs – wie → consularis, praefectus, tribunus – wechselte das Determinativ, das die Zugehörigkeit eines solchen officialis ausdrückte – wie → beneficiarius consularis, beneficiarius praefecti, beneficiarius tribuni (Abb. 23, 53).

officina
Werkstatt, Fabrik; vgl. calcaria, figlina, lignaria, tegularia.

officium
Gesamtheit der Chargen, die den Stab eines Offiziers bildeten, um die anfallende Verwaltungstätigkeit zu erledigen; Büro eines Befehlshabers, das in mehrere Abteilungen (→ tabularia) mit eigenen Registraturen und Kassen gegliedert war. In der → legio gab es neun oder zehn Stäbe: → legatus legionis, → tribunus laticlavius, → praefectus legionis, → tribuni angusticlavii (fünf), → princeps und gegebenenfalls → tribunus sexmenstris. Ähnliche officia wie bei dem → legatus Augusti gab es bei dem → praefectus praetorio, → praefectus urbi und → praefectus vigilum und den → tribuni der jeweiligen stadtrömischen → cohortes. In den Provinzen hatte der Fi-

nanzprokurator ebenso officia wie die Kommandeure von → ala, → cohors und → numerus. Mit officium wird in seltenen Fällen auch eine Gruppe von Dienstgraden bezeichnet: omnibus officiis in caliga functus heißt es auf einer Ehreninschrift für einen Soldaten, der alle Chargen als Soldat (→ caliga) durchlaufen hat. Aus einer weiteren Inschrift erfahren wir, daß damit die Dienstgrade → tesserarius, optio, signifer gemeint sind (CIL 9, 5839. 5840 = D 2084. 2085).

optio
Unteroffizier unter dem → centurio und sein Gehilfe in Verwaltungsangelegenheiten; es gab einen in jeder → centuria der → legio. Während die Angabe der → centuria, in der ein Soldat diente, häufig ist, findet sich der Hinweis, unter welchem optio jemand Dienst tat, selten (AE 1914, 253). Aus den optiones rekrutierten sich teilweise die centuriones; war ein solcher optio zur Beförderung zum centurio vorgesehen, nannte man ihn optio ad spem ordinis (→ ordo, spes) oder optio spei (Abb. 46). Häufig erfolgte eine genauere Kennzeichnung, wenn ein solcher optio bestimmten Verwaltungszweigen des Heeres vorstand.

optio ab actis
Leitete ein → officium für die Akten der Zivilverwaltung (CIL 6, 3884).

optio armamentarii
Befehlshaber eines → armamentarium (CIL 6, 1057).

optio ballistariorum
Befehlshaber der → ballistarii (CIL 6, 1057).

optio carceris
Leitete das Lagergefängnis (CIL 6, 531 = D 3739).

optio convalescentium
Leitete das Lagerlazarett (CIL 6, 1057).

optio custodiarum
Befehlshaber einer Wachmannschaft
(CIL 13, 6739 = D 2436).

optio equitum
Befehlshaber einer Reiterabteilung
(CIL 8, 2562 = 18051).

optio navaliorum
Befehlshaber des Schiffs-Stapelplatzes
(CIL 13, 6712).

optio statorum
Befehlshaber der → statores (AE 1975,
691).

optio tabellarii
War als optio in einem → tabularium
tätig (AE 1930, 93).

optio valetudinarii
Leitete das Lagerlazarett (CIL 13, 8011).

ordinarius
Bezeichnung für → centurio (CIL 8,
2505 = 18005); vgl. ordo.

ordinatus
Bezeichnung für → centurio (CIL 6, 130
= D 2091); vgl. ordo.
Bezeichnung für eine Abordnung: ad
frum(entum) ord(inatus), zum
Getreide(holen) abkommandiert (Fink 2).

ordo (centurionum)
Der in der römischen Welt allenthalben
anzutreffende Begriff ordo, Reihung,
geordnete Gruppe, bezeichnete innerhalb der → legio die Rangfolge der
→ centuriones (CIL 8, 18065 =
D 2452); vgl. gradus.

ostiarius
Türhüter; Ordonnanz, die in einem
→ officium tätig war. Vielleicht regelte
er den persönlichen Zugang zum Kanz-
leivorsteher (AE 1949, 108).

Abb. 46 Grabstein eines → optio

Der → optio trägt die → paenula; er hält
in der Rechten einen Stab, vielleicht das
Erkennungszeichen seines Dienstgrades, und in
der Linken einen Kasten für Schreibgerät.

D(is) M(anibus) / Caecilius Avit/us Emer(ita)
Aug(usta) / optio leg(ionis) XX /
V(aleriae) V(ictricis) st(i)p(endiorum) XV vix(it) / an(nos)
XXXIIII / h(eres) f(aciendum) c(uravit)

Den Totengöttern (geweiht). Caecilius Avitus,
aus Emerita Augusta (Mérida), → optio der →
legio XX Valeria, der siegreichen, 15 Dienstjahre, lebte 34 Jahre; sein Erbe hat (dieses
Grabmal) errichten lassen.

RIB 492; aus Chester; 2./3. Jh. n. Chr.

P

paganus
Gelegentlich verwendete Bezeichnung für einen 'Zivilisten' (CIL 6, 3236 = D 2204).

paenula
Kapuzenmantel (Abb. 46, 57).

parasemum
Abzeichen eines Schiffes (AE 1961, 165).

pastus
Weide für das der Truppe gehörende Vieh (AE 1957, 288).

pausarius
Rudermeister, der den Ruderern durch Taktschläge die Schlagfolge angab (D 2867).

pecuarius
Eher Tierarzt als Verwalter des Viehbestandes (Abb. 47); vgl. veterinarius.

pedatura
Arbeitsstrecke, in römischen 'Fuß' gemessen, etwa eines Walls, den eine Truppe gebaut hatte (CIL 13, 7617).

pedes, pedites
Fußsoldat (Abb. 31).

pedes singularis, pedites singulares
Fußsoldat aus der Leibgarde des Kaisers und der Statthalter (CIL 8, 2911 = D 2419); vgl. eques singularis.

penteris
Schiff mit fünf Ruderreihen übereinander (CIL 10, 3523 = D 2834); vgl. nauarchus.

pequarius
→ pecuarius (Abb. 47).

Abb. 47 Grabstein eines → pecuarius

Der Verstorbene ist in ziviler Bekleidung dargestellt.

C(aius) Deccius L(uci) f(ilius) / Papiria (tribu) Ticini / miles leg(ionis) XX / pequarius annor(um) / XXXV stipendioru(m) / XVI hic s(itus) est

Gaius Deccius, des Lucius Sohn, aus (dem Stimmbezirk) Papiria, aus Ticinum, → miles der → legio XX, → pecuarius, 35 Lebensjahre, 16 Dienstjahre, ist hier bestattet.

CIL 13, 8287; RSK 222; aus Köln; 1. Jh. n. Chr.

peregrinus

Freier Bewohner des römischen Reiches, der nicht römischer Bürger (→ civis Romanus) war; er konnte in den Hilfstruppen (→ ala, cohors) dienen.

petitor

Die Bedeutung des Begriffs ist nicht völlig sicher. Entweder bezeichnete er jemanden, der sich zum Militärdienst gemeldet hatte, aber noch nicht als tauglich angenommen worden war oder einen Soldaten, der sich um eine Rangstufe im Heer beworben hatte (AE 1956, 252 = RSK 202).

phalerae

Scheibenförmige Medaillen aus dünnem Silberblech oder aus Glas als Orden; sie waren z.T. mit Götter- oder Kaiserbildnissen verziert (Abb. 5, 20, 32, 48, 52). Es wurden stets mehrere phalerae in ungerader Zahl verliehen. Phalerae konnten als Auszeichnung an ganze Truppenteile vergeben werden, sie schmückten dann die entsprechenden Feldzeichen; vgl. dona militaria.

pictor

Maler (Digesten 50, 6, 7); vgl. faber.

pileus

Filzkappe, die vor allem von Soldaten aus dem Donauraum getragen wurde.

pilum

Wurflanze, die typische Waffe des → miles legionis (Abb. 8); vgl. hasta.

pilus posterior

→ centurio (CIL 13, 6231 = D 2360).

pilus prior

→ centurio (CIL 3, 6611).

pitulus

Ruderer, vielleicht eine Art Schlagmann (CIL 10, 3480).

Abb. 48 Grabstein eines → centurio

Über der Inschrift sind Auszeichnungen des Verstorbenen, → phalerae, dargestellt.

L(ucius) Refidius / L(uci) f(ilius) Ter(etina tribu) Bas/sus domo / Venafro / › (centurio) leg(ionis) XVI / annor(um) XXXV / h(ic) s(itus) e(st)

Lucius Refidius Bassus, des Lucius Sohn, aus (dem Stimmbezirk) Teretina, zu Hause in Venafrum, → centurio der → legio XVI, 35 Lebensjahre, ist hier bestattet.

CIL 13, 11 837; Mainz 45; aus Mainz; 1. Jh. n. Chr.

pleroma
Schiffsmannschaft, Lastschiff (CIL 13, 7681).

plumbarius
Bleiarbeiter (Digesten 50, 6, 7).

pol(l)io
Sprachlehrer für den Alltag der Militärverwaltung oder für die Aufführungen (Abb. 49); vgl. scaenicus.

potamophylax
Soldat, der auf der Nilflotte tätig war (CIL 2, 1970).

prae(e)st
'Er steht vor'; häufig statt der Formulierung → praefectus … verwendet (Abb. 31).

praefectus
Ritterlicher Kommandeur unterschiedlicher Truppenteile.

praefectus alae
Kommandeur einer → ala (Abb. 50).

praefectus castrorum legionis
Dritthöchster Offizier einer → legio, der Kommandant des Legionslagers, verantwortlich für die Logistik (CIL 8, 2587 = AE 1942/43, 37); abgekürzt auch praefectus legionis genannt. Es handelte sich meist um einen altgedienten Soldaten.

Abb. 49 Weihealtar für die göttlichen Kräfte der Kaiser

Numinib(us) Aug(ustorum) / aram posu[i]t in/tra scholam / polionum leg(ionum) / IIII et aediculam / e pariete scal/psit et inpen/dio suo fecit T(itus) / Fl(avius) Super Cepula / scaenicus ho/nesta missione / missus ex leg(ione) / XXX U(lpia) V(ictrice) P(ia) F(ideli) sub cu/ra Saturi Cen/sorini proc(uratoris) Augg(ustorum) / d(edicata) N(onis) N(ovembribus) Apro et Maximo co(n)s(ulibus)

Für die göttlichen Kräfte der Kaiser hat einen Altar aufgestellt in der → schola der → pol(l)iones der vier → legiones (aus den beiden germanischen Provinzen) und eine Nische aus der Wand geschlagen und aus eigenen Mitteln angefertigt Titus Flavius Super Cepula, → scaenicus, mit der → missio honesta entlassen aus (→ ex) der legio XXX Ulpia, der siegreichen, der ehrfürchtigen (und) treuen, unter der Führung des Saturius Censorinus, des Prokurators der Kaiser. (Der Altar) ist geweiht an den Nonen des November (5. November) des Jahres, in dem Aper und Maximus Konsuln waren (207 n. Chr.).

AE 1913, 124 = D 9493; Walser 92; aus Lyon; 207 n. Chr.

Abb. 50 Ehreninschrift für einen → procurator

T(ito) Cornasidio / T(iti) f(ilio) Fab(ia tribu) Sabino e(gregiae) m(emoriae) v(iro) / proc(uratori) Aug(usti) Daciae Apulensis proc(uratori) / Alpium Atractianar(um) et Poeninar(um) / iur(e) glad(ii) subpraef(ecto) class(is) pr(aetoriae) Raven(natis) / praef(ecto) alae veter(anae) Gallor(um) trib(uno) leg(ionis) II / Aug(ustae) praef(ecto) coh(ortis) I Mont(anorum) p(atrono) c(oloniae) auguri Laur(enti) / Lavin(ati) aed(ili) IIvir(o) q(uin)q(quennali) q(uaestori) p(ecuniae) p(ublicae) / collegia fabrum centon(ariorum) dendrophor(orum) / in honorem / T(iti) Cornasidi / Vesenni Clementis / fili(i) eius equo publi(co) Laur(entis) / Lavin(atis) patroni plebis et col/legior(um) qui ab ipsis oblatum / sibi honorem statuae in / patris sui memo/riamque transmisit

Für Titus Cornasidius Sabinus, des Titus Sohn, aus (dem Stimmbezirk) Fabia, verstorbener Ritter, Prokurator des Kaisers in der Dacia Apulensis, (zuvor) Prokurator der Alpes Atractianae und Poeninae mit Zivilgerichtsbarkeit (Schwertgewalt), (zuvor) → subpraefectus der → classis praetoria von Ravenna, (zuvor) → praefectus der → ala der → veterani der Gallier, (zuvor) → tribunus der → legio II Augusta, (zuvor) praefectus der → cohors I Montanorum (die letzten drei Posten bilden die tres militiae der → militia equestris), Patron der Kolonie, Augur, Mitglied der Laurentes Lavinates (Priester), Aedil, Bürgermeister des alle fünf Jahre besetzten Amtes, Kassenverwalter der öffentlichen Kasse, haben die Vereine der Schmiede und Baumträger zu Ehren des Titus Cornasidius Vesennius Clemens, seines Sohnes, eines Ritters mit Staatspferd, Mitgliedes der Laurentes Lavinates (Priester), Patrones des (Stadt-)Volkes und der Vereine, der die von ihnen für ihn selbst gestiftete Ehre der Aufstellung einer Statue auf den Namen und das Andenken seines Vaters übertragen hat (diese Statue errichtet).

CIL 9, 5439; Walser 18; aus Falerio (Picenum); 2./3. Jh. n. Chr.

Als unter Gallienus (253–268) der senatorische → legatus legionis verschwand, wurde der praefectus legionis Befehlshaber der → legio (Abb. 32, 51, 52).

Ritterlicher Kommandant der in Ägypten stationierten legio während der gesamten Kaiserzeit, dem → legatus legionis in anderen Provinzen entsprechend, da in Ägypten keine Senatoren tätig werden durften.

praefectus classis

Kommandant einer der römischen Flotten sowie sämtlicher dieser Flotte dienenden Einrichtungen wie Werften und Hafenanlagen (Abb. 50).

praefectus cohortis
Kommandeur einer → cohors (equitata oder pedidata) quingenaria (Abb. 50).

praefectus equitum
Kommandeur einer → ala (CIL 6, 3516).

praefectus legionis
→ praefectus castrorum (Abb. 51)

praefectus praetorio
Prätorianerpräfekt, oberster Befehlshaber der → cohortes praetoriae (Abb. 53).

praefectus tironum
Kommandeur einer Gruppe von Rekruten (CIL 11, 6011 = D 2691); vgl. tiro.

praefectus urbi
Stadtpräfekt Roms, oberster Befehlshaber der → cohortes urbanae (CIL 9, 1617 = D 2117).

praefectus vexillationis
Kommandeur einer → vexillatio (CIL 6, 32 933 = D 2723).

praefectus vigilum
Oberster Befehlshaber der → cohortes vigilum (CIL 9, 1595 = D 1345).

praemia militiae
'Belohnung' der Soldaten nach vollendeter Dienstzeit und ehrenhafter Entlassung (→ missio) in Form von Geld- oder Landzuwendungen. Augustus (27 v. – 14 n. Chr.) legte 20.000 Sesterzen für den → praetorianus und 12.000 für den → legionarius fest; die Summe wurde im Laufe der Kaiserzeit mehrfach geändert. Vgl. commoda, veteranus.

praepositus limitis
Vorsteher der Truppen in einer Grenzregion (AE 1942, 81).

Abb. 51 Weihaltar für Mithras und Mars

D(eo) I(nvicto) M(ithrae) / et Marti / Secundini/us Amantius / cornicu(larius) / praef(ecti) leg(ionis) / XXII permi/ttente Pri/mulo patre / ex voto pos/uit l(ibens) l(aetus) m(erito)

Dem unbesiegbaren Gott Mithras und dem Mars (geweiht). Secundinius Amantius, → cornicularius des → praefectus → der legio XXII, hat mit Erlaubnis des Primulus, des Vaters (Vorstehers der Kultgemeinschaft), aufgrund eines Gelübdes (den Weihaltar) aufgestellt, gern und freudig für erwiesene Wohltat.

AE 1979, 425; Mainz 186; aus Mainz; 2./3. Jh. n. Chr.

praepositus (militum)
Kommandant einer Spezialeinheit
(→ numerus [Abb. 28], vexillatio
[CIL 6, 31 871]).

praepositus operi marmorum
Offizier, der die Aufsicht über Stein-
brüche hatte (CIL 3, 25 = D 2612).

praeses equitum
Anführer einer Reitertruppe (CIL 13,
1366 = D 8896).

praesidium
Militärischer Posten. In Intercisa/Panno-
nia inferior gab es solche Wachposten
an denjenigen Stellen (der Donau), die
als heimliche Übergänge für Räuberban-
den geeignet waren, per loca opportuna
ad clandestinos latrunculorum transitus
(AE 1910, 147).

praetorianus
Soldat einer → cohors praetoria (CIL 13,
1834).

praetorium
Kaserne der → cohortes praetoriae.
Amtssitz und Wohnhaus des → legatus
Augusti oder → legatus legionis (AE
1964, 148).

pratum
Truppenterritorium, Weide (AE 1900,
156). pavit leg(ionem), er hat das Vieh
der → legio geweidet, heißt es etwas
verkürzt auf einem Grabstein (CIL 6,
2893 = D 2144).

pridianum
Jahresbericht, Bericht vom 'vorhergehen-
den Tag' vor dem 1. Januar, über den
Zustand einer Truppe, über Zugänge,
Abgänge und Verluste (Fink 63).

primi ordines
→ centurio (CIL 8, 18 065 = D 2452).

primicerius
Vorsteher eines → officium; derjenige,
dessen Name als 'erster' auf der 'Wachstafel' einer → matrix stand (CIL 6,
32 970).

primipilari(u)s
Ehemaliger → primus pilus
(Abb. 32).

primipilus
→ primus pilus (CIL 5, 1838 =
D 1349).

primiscrinius
Der 'erste' in einem 'Schreibbüro'
(AE 1910, 77).

primopilus
→ primus pilus (CIL 12, 2455).

primoscrinius
→ primiscrinius (AE 1947, 35).

primus pilus
Ranghöchster → centurio der → cohors
I der → legio. Der primus pilus hatte
seinen Posten ein Jahr inne, gelegentlich konnte er ihn als 'primus pilus bis'
ein zweites Mal bekleiden. Er hatte einen ähnlichen Aufgabenbereich wie der
→ praefectus castrorum und unterschied
sich auch auf diese Weise von den übrigen centuriones. Solche primi pili waren
hochbezahlt und hatten gute Aufstiegs-
möglichkeiten in eine ritterliche Laufbahn (Abb. 52).

princeps
Der princeps war der nach dem → primus pilus ranghöchste → centurio
(CIL 3, 8104). Ferner begegnet er in einer Anzahl administrativer Funktionen
im römischen Heer, etwa der → princeps
praetorii (CIL 3, 5293) oder der princeps
an der Spitze eines → tabularium
(CIL 8, 18 072 = D 2446).

Abb. 52 Grabstein eines → praefectus castrorum

In einem verzierten Rahmen ist der Text rechts und links von einem → signum eingerahmt, in der Mitte befindet sich ein weiteres Feldzeichen, eine → aquila. Die → corona hinter dem Adler gehört zu den → dona militaria, die links vom Adler dargestellt sind: vier → armillae und neun → phalerae. Rechts vom Adler ist das 'Arbeitsgerät' des → pullarius, der in diesem Fall kein Soldat war, abgebildet: zwei Hühner in einem tragbaren Kasten.

M(arco) Pompeio M(arci) f(ilio) Ani(ensi tribu) Aspro / › (centurioni) leg(ionis) XV Apollinar(is) › (centurioni) coh(ortis) III pr(aetoriae) / primo p(ilo) leg(ionis) III Cyren(aicae) praef(ecto) castr(orum) / leg(ionis) XX Victr(icis) / Atimetus lib(ertus) pullarius / fecit et sibi et / M(arco) Pompeio M(arci) f(ilio) / Col(lina tribu) Aspro / filio suo et / M(arco) Pompeio M(arci) f(ilio) Col(lina tribu) / Aspro filio minori / et Cinciae / Saturninae/ uxori suae

Für Marcus Pompeius Asper, des Marcus Sohn, aus (dem Stimmbezirk) Aniensis, den → centurio der → legio XV Apollinaris, (dann) → centurio der → cohors III praetoria, (dann) → primus pilus der → legio III Cyrenaica, (dann) → praefectus castrorum der → legio XX Victrix, hat Atimetus, sein Freigelassener, der → pullarius, (das Grabmal) errichtet für sich selbst und für Marcus Pompeius Asper, des Marcus Sohn, aus (dem Stimmbezirk) Collina, seinen (eigenen) Sohn, und für Marcus Pompeius Asper, des Marcus Sohn, aus (dem Stimmbezirk) Collina, seinen jüngeren Sohn, und für Cincia Saturnina, seine Gattin.

CIL 14, 2523 = D 2662; aus Rom; 2./3. Jh. n. Chr.

princeps castrorum peregrinorum
→ princeps peregrinorum (AE 1980, 48).

princeps legionis
Als zweithöchster → centurio stand er dem → officium vor (CIL 8, 2941 = D 2450).

princeps peregrinorum
Vorsteher der → castra peregrina (CIL 3, 14159).

princeps posterior
→ centurio (AE 1955, 26).

princeps praetorii
→ centurio, der dem → officium eines → legatus Augusti oder → legatus legionis vorstand (D 2283).

princeps prior
→ centurio (CIL 6, 3628).

principalis
Soldat mit einem bestimmten Dienstgrad. Im Unterschied zu dem → munifex war der principalis ein Soldat, der vom schweren Lagerdienst befreit war: hi sunt milites principales, qui privilegiis muniuntur; diejenigen sind als Soldaten die principales, die Privilegien erhalten (Vegetius 2, 7). Was Vegetius als besonderes Merkmal des principalis umschrieb, die Befreiung von bestimmten → munera und höherer Sold, drückte ein → librarius legionis aus Ägypten in einem Brief zu Beginn des zweiten nachchristlichen Jahrhunderts so aus: ἐγὼ ὡς πρινκ[ι]πᾶλις διακινῶ μηθὲν ποιῶν: ich, als principalis, gehe nichts tuend herum (P. Mich. 8, 465). Den principales stand ein weit gefächertes Spektrum von taktischen Chargen innerhalb der → centuria und der Büroposten (→ officium) offen, ohne daß es möglich ist, klare Karriereschemata herauszuarbeiten. Gerade die → legio mit ihrer großen Zahl von Posten und der langen Dienstzeit hatte keine so organisierte Laufbahn wie die → cohortes praetoriae. Ein Soldat der legio konnte, nachdem er vielleicht in einigen Posten als → immunis gedient hatte, 4–5 Posten als principalis für jeweils drei Jahre bekleiden, um dann nach 13–20 Dienstjahren zum → centurio befördert zu werden, oder seine Militärzeit nach einer ähnlichen Anzahl von Posten nach 20 Jahren beenden.

principia
Stabsgebäude, eine Gruppe von Bauten, die nach ihrem Platz im Lager 'die wichtigsten' waren. Hier befanden sich unter anderem die → tabularia (Abb. 15; RIB 1912).

probatio
Musterung der Rekruten, bei der beispielsweise festgestellt wurde, daß der Betreffende das Mindestmaß von 1,65 m nicht unterschritt (Vegetius 1, 11).

probatus
Jemand, der nach einer Überprüfung ins Militär aufgenommen worden war. Von einem Soldaten der in Aquincum/Pannonia inferior stationierten legio II Adiutrix heißt es: qui est prob(atus) in leg(ione) II a Cornel(io) Plotiano leg(ato), der in die → legio II (Adiutrix) aufgenommen worden ist von Cornelius Plotianus, dem Legaten (der Legion, → legatus legionis) (CIL 3, 10507).

probitus
→ probatus (CIL 5, 8278 = D 2333).

proculcator
Aufklärer, Späher (AE 1979, 643); vgl. explorator.

promotus
Bezeichnung für den Vorgang einer Beförderung. Ein → domicurator be-

Abb. 53 Grabstein eines → singularis

Unter dem Text befinden sich zwei Bildstreifen. Der erste zeigt Eroten mit einer Blumengirlande, der zweite eine Wildschweinjagd mit Diener.

D(is) M(anibus) / Aurel(io) Vital(i) t(ribuni) b(eneficiario) equ(iti) / sing(u-lari) turm(a) Lupionis / nat(ione) Dacus ala Cam/pacon(um) vix(it) ann(os) XXX / me(n)s(es) II die(s) V mil(itavit) ann(os) / XII Aurel(ius) Severus / protect(or) pr(aefecti) pr(aetorio) b(ene) m(erenti) f(ecit)

Den Totengöttern (geweiht). Für Aurelius Vitalis, den → beneficiarius des → tribunus, den → eques → singularis in der → turma des Lupio, gebürtiger Daker aus der → ala der Campagoner, der 30 Jahre, 2 Monate (und) fünf Tage lebte (und) 12 Jahre diente. Aurelius Severus, → protector des → praefectus praetorio hat (ihm), der es wohl verdient, (den Grabstein) errichtet.

CIL 6, 3238 = D 2208; Denkmäler Nr. 543; aus Rom; 3. Jh. n. Chr.

zeichnete sich als promotus, befördert durch den → legatus legionis (AE 1917/18, 76). Ein Soldat aus Ägypten, der auf eine Beförderung hoffte, gab einige Bedingungen dafür, aus seiner Warte, an: Et si deus volueret (= voluerit) spero me frugaliter victiturum et in cohortem transferri. Hic autem sene (= sine) aere nihil fiet neque epistulae commandaticiae nihil valebunt nesi (= nisi) si qui sibi adiutaveret (= adiutaverit): Und wenn Gott will, hoffe ich, daß ich sparsam lebe und in eine cohors übernommen werde (→ translatus). Dabei aber wird nichts ohne Geld geschehen, aber auch Empfehlungsschreiben sind nichts wert, wenn nicht jemand sich selbst hilft (P. Mich. 8, 468).

proreta
Oberbootsmann, Aufseher über die Takelage und die Ausrüstung eines Schiffes (AE 1964, 149).

prosecutor
Eskorte (Vegetius 3, 3).

protector
Leibwache des Kaisers (AE 1901, 77), des → praefectus praetorio oder, als protector → consularis (AE 1979, 448), des Statthalters; vgl. singularis.

provectus
Beförderter Soldat (AE 1987, 796).

Abb. 54 Grabstein eines → miles legionis

Der → miles ist in halbziviler Tracht dargestellt; er trägt ein Untergewand, das → sagum ist auf der Schulter befestigt. Am → cingulum sind → pugio, → gladius und → pteryges befestigt. Über der Schulter hängt das → scutum. In der Linken trägt er ein zusammengeklapptes Schreibtäfelchen. Der Unterteil des Steins mit der Inschrift fehlt.

Mainz 71; aus Mainz; 1. Jh. n. Chr.

pteryges
Lederstreifen am → cingulum,
die zur Zierde und zum Schutz dienten
(Abb. 8, 21, 37, 54).

pugio
Dolch des Soldaten (Abb. 19, 21, 37,
54).

pugna
Schlacht, Kampf; functus in pugna,
gefallen im Kampf, heißt es gelegentlich (CIL 8, 22 899 = AE 1896, 94).

pullarius
Soldat, der die heiligen Hühner
fütterte und aus ihrem Fressen oder
Nichtfressen weissagte, Hühnerwärter
(Abb. 52; AE 1926, 69).

quadriremis
Schiff mit vier Ruderreihen übereinander
(AE 1904, 171); vgl. nauarchus.

quaestionarius
Soldat, der in einem → officium Untersuchungen, Verhöre und Folterungen
durchführte (CIL 3, 10 458).

quaestor
Kassenführer (CIL 8, 2602).

quaestor equitum
Kassenführer der Reiter, für denjenigen
Teil des Soldes (→ stipendium), der von
den → equites für den Unterhalt der
Pferde einbehalten wurde (CIL 3, 4858 =
D 2466).

quaestuarius
Wohl → quaestionarius (CIL 3, 3162b).

quaestura, quaestus
Kasse einer Truppe (AE 1964, 180).

quintanarius
Exerzierender Soldat (AE 1979, 643).

R

regionarius
Soldat, der mit Polizeifunktionen für eine größeres 'Gebiet' zuständig war (RIB 152).

regulator
Ingenieur, Spezialist für Nivellierung des Geländes (AE 1972, 364).

reliquatio
Eine 'zurückgelassene' Abteilung Soldaten, etwa zur Sicherung eines → praesidium (CIL 8, 14854 = D 2764).

remansor
Soldat, der – wohl krankheitshalber – nicht an einer → expeditio teilnahm, sondern 'zuhause blieb' (CIL 6, 225 = D 2186).

remex
Rudersoldat, ex remigibus, ehemaliger (→ ex) Rudersoldat (AE 1927, 96).

renuntium
Lagebericht einer Truppe; die Summe solcher Lageberichte bildete vielleicht das → pridianum. Ein Lagebericht einer → cohors aus Chesterholm lautet: renuntium coh(ortis) VIIII Batavorum: omnes ad loca qui debunt et inpedimenta. renuntiarunt optiones et curatores. detulit Arquittius optio › (centuria) Crescentis. Lagebericht der cohors VIIII der Bataver: Alle (sind) an den Stellen, wo sie sein sollen, auch der Troß. Dies melden die → optiones und die → curatores. (Den Bericht) brachte Arquittius, optio aus der → centuria des Crescens (R. Birley, Vindolanda's Roman Records, Blaydon ²1994, 39–40).

retentus (ad spem)
Soldat, der vor der Entlassung 'zurückgehalten' worden ist, um ihn zu befördern (AE 1931, 36); vgl. optio ad spem.

reversus
Soldat, der beispielsweise von einer → expeditio 'zurückgekehrt' ist (CIL 3, 5937).

revocatus
Entlassener und 'wieder einberufener' Soldat (CIL 13, 1837 = D 2312); vgl. evocatus.

ripar(i)ensis
Soldat, der an einem Ufer stationiert war Codex Theodosianus 7, 1, 18).

S

sacellum
Fahnenheiligtum, stand im Zentrum der → principia. Unter dem Fahnenheiligtum befand sich der Raum für das → depositum der Truppe (AE 1923, 36).

sacerdos
Priester innerhalb des Lagers (AE 1972, 460).

sacramentum
Fahneneid der Soldaten, der zu Beginn des Militärdienstes geleistet und jährlich in einem feierlichen Zeremoniell am 3. Januar und am Jahrestag der Thronerhebung des jeweiligen Kaisers im Angesicht der → signa erneuert wurde: iurant autem milites omnia se strenue facturos quae praeceperit imperator, numquam deserturos militiam nec mortem recusaturos pro Romana republica; es schwören aber die Soldaten, daß sie alles entschlossen ausführen werden, was der Kaiser befehlen wird, daß sie niemals den Dienst verlassen werden und den Tod für den römischen Staat nicht scheuen werden (Vegetius 2, 15). Vgl. cultores sacramenti.

sagittarius
Bogenschütze (Abb. 55). Pfeilhersteller (CIL 5, 8721).

sagum
Soldatenmantel (Abb. 11, 19–21, 54).

salariarius
Soldat der ein → salarium bezog (AE 1993, 1596).

salarium
Gehalt des evocatus (CIL 13, 3162); vgl. stipendium. Gelegentlich wird der Be-

griff auch zur Angabe der Dienstjahre verwendet. So heißt es auf dem Grabstein eines → evocatus: salarior(um) VIIII c(o)hor(te) III vix(it) ann(os) XXXXVIII mil(itavit) ann(os) XXVIIII; er bezog neun Jahre ein salarium in der → cohors III (praetoria), er lebte 48 Jahre, diente 29 Jahre (CIL 6, 3419).

sc(a)enicus
Soldat, der bei Schauspielen innerhalb des Lagers mitwirkte (Abb. 49).

scamnarium
Kasse (CIL 8, 2553 = D 2438).

scamnarius
Kassenverwalter (AE 1907, 184).

scandularius
Dach-, Schindeldecker (Digesten 50, 6, 7).

schola
Bedeutet ursprünglich Muße, Ruhebank. Aufenthalts-, Versammlungs- und Kultraum für Soldaten verschiedener Dienststellungen und Dienstgrade der → legio. Bislang sind scholae für 16 unterschiedliche Dienstgrade bezeugt. Der Begriff wird auch zur Bezeichnung der Inhaber der Dienstgrade, also gleichbedeutend mit → collegium, verwendet (Abb. 15, 49).

scholaris
Soldat der kaiserlichen Garde (Sulpicius Severus, Leben des hl. Martin 2).

scenicus
→ scaenicus (CIL 10, 3487 = D 2873).

scoparius
Ausfeger (Fink 9).

scorpio
Bediener einer Maschine, mit der man

Steine, Pfeile und andere Geschosse abschleuderte (AE 1993, 1584).

scriba
Schreiber bei der Flotte (AE 1934, 107).

scriniarius
Soldat in einem Schreibbüro (AE 1933, 248).

scutarius
Arbeiter in der Waffenschmiede (CIL 3, 14188 [gr.]). Mit einem → scutum bewaffneter Leibwächter (CIL 5, 4369 = D 2790).

scutum
Rechteckiger Schild der Legionssoldaten (Abb. 5, 8, 21, 54).

sebaciarius
Soldat, der für die Beleuchtung des Wachraums und die Kerzen für die Patrouillen zu sorgen hatte (CIL 6, 3053).

secutor
Leibwache und Ordonnanz, etwa bei einem → tribunus (secutor tribuni; AE 1933, 210).

semaforos
'Träger' von Signal'zeichen' (CIL 5, 8752 = D 2802).

Abb. 55 Grabstein eines → sagittarius

Der Verstorbene ist als → sagittarius mit einem Bogen und einem Bündel Pfeilen in den Händen dargestellt. Die heute ergänzte letzte Zeile war früher vorhanden.

Monimus / Ierombali f(ilius) / mil(es) c(o)hor(tis) I / Ituraeor(um) / ann(orum) L stip(endiorum) XXI / h(ic) s(itus) est

Monimus, des Jerombal Sohn, → miles der → cohors I der Ituräer, 50 Lebensjahre, 21 Dienstjahre, ist hier bestattet.

CIL 13, 7041 = D 2562; Mainz 80; aus Mainz; 1. Jh. n. Chr.

semissalis
Soldat, der einen 'Halbteil' mehr erhielt als der → gregarius, ähnlich dem → sesquiplicarius (CIL 5, 8739 = D 2800).

senator
Offizier in der Spätantike (CIL 5, 8760 = D 2804).

seplasiarius
Salbenzubereiter im medizinischen Bereich (CIL 13, 6778).

sequens
Soldat in ähnlicher Stellung wie der → optio (CIL 13, 6611).

sequtor
→ secutor (AE 1990, 871)

sescuplicarius, sescuplucarius, sesquaeplicarius
→ sesquiplicarius (CIL 8, 21032; AE 1909, 71).

sesquiplicarius
Offizier in einer → ala. Soldat, der anderthalbfachen Sold erhielt (Abb. 56).

sifonarius
Feuerwehrmann in einer → cohors vigilum, der eine Pumpe bediente (CIL 6, 1057).

signaculum
Metallmarke des Soldaten, die er an einer Schnur um den Hals trug (AE 1965, 99 [zivil]).

signifer
Der signifer trug das Stangenfeldzeichen mit Scheiben (→ signum) und begegnet sowohl bei den Legionen als auch bei den Auxiliarkohorten; er gehörte zu den Unteroffizierschargen. In jeder → centuria der → legio diente ein signifer, der daher gelegentlich neben seinem Dienstgrad auch die centuria nannte: signifer leg(ionis) ... cohor(te) II hastati pr(ioris); signifer der legio ... in der zweiten → cohors (in der centuria) des → hastatus prior (CIL 3, 6592 = D 2345). Der signifer war als Buchführer für das → depositum der Soldaten zuständig (Abb. 25, 57).

signum
Feldzeichen, bestehend aus einer langen Stange, zum Teil bekrönt mit einer überdimensionalen hölzernen Hand, gleichsam der verlängerten Hand des → centurio, damit man dessen Position auch aus größerer Entfernung erkennen konnte (Abb. 27, 52, 57). Das signum war heilig, wurde wie Götterbilder mit Öl gesalbt und genoß eigene kultische Verehrung; den signa waren im Festkalender des Heeres zwei Feiertage reserviert. In den Lagern hatten die Feldzeichen eigene Tempel, in denen sie aufbewahrt und bewacht wurden (→ excubitorium). Wie bei der → aquila wurde der Geburtstag der signa gefeiert; ob natales signor(um) errichteten Soldaten eine Inschrift für Iupiter (CIL 2, 2553 = D 9127).
Signum ist ferner die Bezeichnung für die täglich wechselnde Parole. Signum 'Securitatis' misit, er gab die Parole 'Sicherheit' aus, heißt es in einem → renuntium (Fink 50).

singularis
'Einzelperson', Fußsoldat oder Reiter, als Leibgarde in der Umgebung des Kaisers (singularis Augusti [CIL 6, 31148], Imperatoris [CIL 6, 31156 = D 2192]), des Statthalters (singularis → consularis) sowie höherer Offiziere (Abb. 58); vgl. eques singularis, pedes singularis, protector.

sip(h)onarius
→ sifonarius (CIL 6, 2994 = D 2172).

spatha

Langes Schwert der Reiter (Abb. 11, 13, 37).

spec(u)la(ria)rius

Glas-, Spiegelhersteller (Digesten 50, 6, 7).

speculator

Ursprünglich die Bezeichnung für Kundschafter. In der Kaiserzeit bildeten die berittenen speculatores praetoriani in der Stadt Rom die Elite der → cohortes praetoriae. Ihre enge Bindung an den Kaiser äußerte sich in Formulierungen wie speculator Augusti (CIL 6, 2683).

speculator legionis

Die speculatores der legiones wurden in das → officium des Statthalters aus den Legionen der Provinz, je zehn pro → legio, abkommandiert. Daher bezeichneten sie sich auch als speculatores einer Provinz wie spec(ulatores) P(annoniae) s(uperioris) (CIL 3, 4402 = D 2374).
In provinciae inermes, Provinzen ohne legio, rekrutierte der Statthalter das Personal seines officium aus der oder den Nachbarprovinzen. In der Lugdunensis stellte die dortige → cohors XIII urbana dieses Personal; nachdem Septimius Severus (193–211 n. Chr.) die Einheit auf-

Abb. 56 Grabstein eines → sesquiplicarius

Über der Inschrift befinden sich Reste der Darstellung eines Totenmahls. Unten ist der Verstorbene zwischen den beiden Pferden abgebildet, die ihm als → sesquiplicarius zustehen.

Ulpius Valens / sesq(uiplicarius) mil(itavit) ann(os) XV / Flavia Fausti/na coniugi / bene mer(enti) posuit

Ulpius Valens, → sesquiplicarius, diente 15 Jahre. Flavia Faustina hat dem Gatten, der es wohl verdient, (den Grabstein) errichtet.

CIL 6, 3914 = 32 809; aus Rom; 2. Jh. n. Chr.

Abb. 57 Grabstein eines → signifer

Der → signifer einer → ala trägt die → paenula; in der Rechten hält er das → signum, in der linken ein Dienstbuch. Unter dem Inschriftfeld ist der → calo mit dem Pferd des Reiters dargestellt.

Oclatio Carvi f(ilio) / signif(ero) alae Afror(um) / Tungro frater h(eres) f(aciendum) c(uravit)

Dem Oclatius, des Carvus Sohn, dem → signifer der → ala Afrorum, dem Tungrer, hat der Bruder, sein Erbe, (das Grabmal) errichten lassen.

AE 1924, 21; aus Neuss; 1. Jh. n. Chr.

gelöst hatte, bezog der Statthalter das Personal aus den vier legiones der beiden germanischen Provinzen (Abb. 49). Da die Statthalter die Kapitalgerichtsbarkeit besaßen, wurden die speculatores im Prozeßwesen als Gerichtsoffiziale, Boten oder bei Verhaftungen und als Henker eingesetzt. Als solche Henker sind sie vornehmlich in den Martyrerakten bezeugt. Hierbei spielt eine Rolle, daß Johannes der Täufer, nach dem Tanz der Salome, durch einen speculator enthauptet wurde (Markus-Evangelium 6, 27). Spätere Enthauptungen wurden allein deshalb häufig speculatores zugeschrieben, um die Nachahmung des Schicksals des Johannes durch den jeweiligen Martyrer zu verdeutlichen (Abb. 59).

Abb. 58 (oben) Grabstein eines → singularis

D(is) M(anibus) / Victorini Longini eq(uitis) al(ae) II / Fl(aviae) sing(ularis) Cl(audius) Latinus / aedituus singula/rium h(eres) f(aciendum) c(uravit)

Den Totengöttern des Victorinius Longinus (geweiht), des → eques der → ala II Flavia, des → singularis. Claudius Latinus, → aedituus der → singulares, der Erbe, hat (das Grabmal) errichten lassen.

CIL 3, 5822 = D 2526; aus Augsburg; 2./3. Jh. n. Chr.

Abb. 59 (unten) Grabaltar eines → speculator

Das Inschriftfeld ist durch eine Beneficiar-Lanze (siehe Abb. 9) zweigeteilt; dies ist das Zeichen dafür, daß der → speculator als → officialis Dienst tat.

D(is) M(anibus) L(ucio) Val(erio) / Augustalis (!) specula/tor(i) leg(ionis) t[it]u[l(um)] infe/licissimo / posuit Val(eria) / Sabina patr(i) / pientissi/mo pio

Den Totengöttern (geweiht). Dem Lucius Valerius Augustalis, dem → speculator der → legio, dem Unglücklichsten, hat Valeria Sabina, dem rechtschaffensten (und) frommen Vater den Grabstein errichtet.

AE 1945, 88; aus Salona; 2./3. Jh. n. Chr.

spes

'Hoffnung' auf Beförderung, die mitunter an einen bestimmten Zeitpunkt geknüpft war. So heißt es auf dem Grabstein eines → optio: Es verblieben noch 51 Tage, bis er → centurio geworden wäre; re[stabant] dies LI ut fieret › (centurio) (CIL 6, 3228). Vgl. candidatus, optio ad spem, retentus ad spem.

statio

Station der Straßenaufsicht. Auf solchen Straßenposten dienten normalerweise beneficiarii, die in festen Fristen, nach sechs oder zwölf Monaten, abgelöst wurden. Diese Wechsel waren häufig Anlaß für eine Weihung nach beendetem Stationsdienst, expleta statione (CIL 13, 11603). Eine einfache Verlängerung, iterata statio (CIL 13, 11989 = D 9327) scheint häufig gewesen zu sein; einmal ist sogar ein dreimaliger Stationsdienst, tertia statio, bezeugt (AE 1978, 525). Vgl. beneficiarius, regionarius, stationarius. Wachlokal.

stationarius

An festen Orten stationierte Soldaten, die zur Aufrechterhaltung von Ruhe und Ordnung unter der Bevölkerung eingesetzt waren: ad tuendam popularium quietem (Digesten 1, 12, 12); bezeugt ist ein stationarius Ephesi, im kleinasiatischen Ephesus (CIL 3, 7136 = D 2052).

stator

Gerichtsoffizial, vielleicht auch eine Art Feldjäger bei unterschiedlichen Truppenkommandeuren (AE 1990, 727).

stipendiarius

Söldner.

stipendium

Bezeichnung für den Sold der Soldaten. Der Sold für den → miles legionis wurde von Augustus (27 v.–14 n. Chr.) auf 900

Abb. 60 Grabstein eines → miles

L(ucius) Marius L(uci) f(ilius) Pu/pinea (tribu!) Baeterris /
miles leg(ionis) XXI sti/pendiorum / XVI anno(rum) XXXX /
hic sit(us) est frate/r faciendum / curavit

Lucius Marius, des Lucius Sohn, aus (dem Stimmbezirk) Pupinia, aus Baeterrae (Béziers), → miles der → legio XXI, 16 Dienstjahre, 40 Lebensjahre, ist hier bestattet. Der Bruder hat (das Grabmal) errichten lassen.

CIL 13, 6949; Mainz 52; aus Mainz; 1. Jh. n. Chr.

	I stip	II stip	III stip	Summe
	247,5 Dr	247,5 Dr	247,5 Dr	742,5 Dr
Heu	10	10	10	30
Essen	80	80	80	240
Schuhe, Beinbinden	12	12	12	36
Saturnalia des Lagers	20	4	–	24
Waffen, Kleidung	60	–	145,5	205,5
Ausgaben	182	106	247,5	535,5
gespart	65,5	141,5	–	207
auf dem 'Sparbuch'	136	201,5	343	136
Gesamtguthaben	201,5	343	343	343

Sesterzen pro Jahr festgesetzt, von Domitian (81–96 n. Chr.) auf 1.200 erhöht, von Septimius Severus (193–211 n. Chr.) erheblich erhöht, vielleicht auf 2.000, von Caracalla (211–217 n. Chr.) nochmals um die Hälfte erhöht, vielleicht auf 3.000, und anschließend von Maximinus Thrax (235–238 n. Chr.) verdoppelt, wohl auf 6.000. Im ersten Jahrhundert wurden von diesem Sold verschiedene Beträge einbehalten; es ist denkbar, daß im Laufe der Zeit diese Abzüge fortfielen, was den Sold zusätzlich erhöht hätte. Die obige Jahresabrechnung eines → legionarius stammt aus dem Jahr 81 n. Chr. Die Summen sind in griechischen Dr(achmen) angegeben, was in etwa dem gleichen Betrag in Sesterzen entspricht.

Den Jahressold erhielt der Soldat in drei Raten ausbezahlt, in ebensolchen Raten sind die Ausgaben für Nahrung – vielleicht auch für ein Zugtier –, Kleidung und Ausrüstungsgegenstände abgerechnet. Der erste Betrag 'auf dem Sparbuch' stammt aus dem vorigen Jahr, im Jahr 81 hat er insgesamt 207 Drachmen, also fast 30 % seines Einkommens gespart.

Von etwa 270.000.000 derartiger Abrechnungen auf Papyrus in den 300 Jahren von Augustus (27 v.–14 n. Chr.) bis Diokletian (284–305 n. Chr.) – 150.000 → legionarii und ebenso viele → auxiliares gleichzeitig mit drei Abrechnungen pro Jahr – sind nur zwei einigermaßen verständliche erhalten. Der Sold des → principalis ist nicht in allen Einzelheiten geklärt; jedenfalls gab es Dienstgrade, die das Anderthalbfache, das Doppelte und das Dreifache eines miles verdienten (→ sesquiplicarius, duplicarius, triplicarius). Die Hilfstruppen erhielten eine gestaffelte Besoldung auf der Basis des Grundgehalts eines → gregarius, das fünf Sechstel desjenigen des miles legionis betrug. Auf Inschriften wird 'stipendium' auch als Angabe der Dienstjahre verwendet (Abb. 3, 8, 13, 18, 21, 31, 37, 46, 47, 54, 55, 60, 61, 64, 65, 68). Ein Soldat nennt beispielsweise seine [st(ipendia)] (centurioni)ka, seine Dienstjahre als → centurio (AE 1937, 101).

stolarchus
Flottenkommandant (CIL 10, 3413 = D 2894).

Abb. 61 Soldquittung

Obere Hälfte eines Holztäfelchens. Die Schriftfläche hat die Farbe der nicht mehr vorhandenen Wachsschicht erhalten.

Asinio Ce[l]ere Non[io] co(n)s(ulibus) (ante diem) XI K(alendas) / Aug(ustas) s(upra) s(criptus) Clua eq(ues) Raetor(um) / tur(ma) Albi Pudentis ac(c)epi *(denarios) L / [e]t stipendi(i) proximi *(denarios) LXXV / [

Im Jahr, in dem Asinius Celer und Nonius Konsuln waren (38 n. Chr.), am 11. Tag vor den Kalenden des August (22. Juli). Ich, der oben genannte Clua, → eques der Raeter, in der → turma das Albius Pudens, habe erhalten 50 Denare (200 Sesterze) und als nächsten Sold 75 Denare (300 Sesterze).

M. A. Speidel, Die römischen Schreibtafeln von Vindonissa. Veröffentlichungen der Gesellschaft Pro Vindonissa 12 (1996) Nr. 12; aus Windisch; 38 n. Chr.

strator
Stallbursche, der das Pferd satteln und seinem Vorgesetzten, wie dem Statthalter (strator → consularis), beim Aufsteigen helfen mußte (Abb. 62).

stratura
Gesamtheit der Reiter, die im → officium des → legatus legionis oder → legatus Augusti dienten (AE 1988, 1018).

structor
Bauarbeiter (Abb. 68); als structor buccularum Mitarbeiter der Waffenschmiede, der die Helmbacken herstellte (Digesten 50, 6, 7). Vgl. faber.

subcornicularius
Unter-, Stellvertreter des → cornicularius (CIL 6, 3596).

sub cura
→ cura (Abb. 70).

suboptio
Unteroptio, Stellvertreter des → optio (AE 1896, 21).

subpraefectus
Unterpraefectus, Stellvertreter des → praefectus (Abb. 50).

subprinceps
Unterprinceps, Stellvertreter des → princeps (CIL 6, 1110).

subunctor
Unterunctor, Stellvertreter des → unctor (CIL 10, 3498 = D 2877).

suffragium
Abstimmung, Unterstützung; aufgrund der Meinung der → legio, → factus at(!) suffragium leg(ionis), berichtet ein Soldat, sei er zum → centurio legionis befördert worden (AE 1976, 540).

summus curator
Für die Getreideversorgung der Truppe zuständig (Fink 76); vgl. curator alae.

supernumerarius
→ centurio supernumerarius (CIL 5, 8278 = D 2333).

symphoniacus
Musiker (CIL 9, 43 = D 2874).

Abb. 62 Weihealtar für Minerva

Minervae / Fl(avius) Sextin(us) / str(ator) leg(ati) / v(otum) s(olvit) l(ibens) l(aetus) m(erito)

Der Minerva (geweiht). Flavius Sextinus, → strator des → legatus, hat sein Gelübde für erwiesene Wohltat gern und freudig erfüllt.

CIL 13, 6745; Mainz 163; aus Mainz; 2./3. Jh. n. Chr.

T

tablifer
Fahnenträger bei den → equites singulares (CIL 6, 31145).

tabularium
Archiv, Registratur (CIL 8, 2852); vgl. cornicularius.

tabularium legionis
Wichtigste Registratur der → legio mit den Listen der → milites (AE 1898, 108).

tabularium principis
Registratur für den täglichen Lagerdienst (CIL 8, 18072 = D 2446).

tabularium rationis
Kassenverwaltung der → legio (AE 1957, 87).

tabularius
Büroangestellter, der in der Registratur eingesetzt war (CIL 6, 2977 = D 2173).

tector
Handwerker (CIL 6, 31165 = D 2190).

tegularia
Ziegelfabrik (CIL 13, 7946).

tegularius
Soldat, der in einer → tegularia eingesetzt war (AE 1903, 294).

territorium legionis
Das zu einer Legion gehörende Ackergebiet (AE 1980, 858); vgl. pratum.

Abb. 63 Bild eines → tesserarius

Das Wandgemälde zeigt den → tesserarius mit der → tessera in der Linken.

ΟΥΛΠΙΟΣ / ΣΙΛΟΥΑΝΟΣ / ΤΕΣΣΕΡΑΡΙΣ Ulpius Silvanus, → tesserarius.

The Excavations at Dura-Europos. Preliminary Report of Sixth Season of Work (London 1936) 292 Nr. 783; aus Dura-Europos; 3. Jh. n. Chr.

tessera
Viereckiges Holztäfelchen mit der Parole (Abb. 63).

tesserarius
Soldat, der die Parole vom Kommandierenden erhielt und weitergab; es gab einen in jeder → centuria der → legio (Abb. 63; CIL 6, 3033).

theatrum
Lagertheater (CIL 3, 3096).

thermae
Thermen, Badeanlagen der einzelnen Truppen. In Aquincum/Pannonia inferior sind die großen Thermen, thermae maiores, der dort stationierten → legio genannt (AE 1944, 85).

thetatus
Verstorbener; auch ϑetatus geschrieben (Fink 63). Auf Grabsteinen wird gelegentlich das griechische θ verwendet; theta = θῆτα war als Anfangsbuchstabe des Wortes θανών (obitus = verstorben) das Zeichen für den Verstorbenen.

tiro
Rekrut (CIL 13, 6763 = D 1188).

torquatus
Soldat, der mit einem → torques ausgezeichnet worden war (CIL 3, 3844 = D 2434).

Abb. 64 Grabstein eines → triplicarius

Antiochus / Antiochi f(ilius) / Parthus Anaz/arbaeus eques / ala(e) Parthorum / et Araborum evo/catus triplicarius / stip(endiorum) X donis don/atus Belesippus / frater posuit

Antiochus, des Antiochus Sohn, der Parther, der Anazarbäer, → eques der → ala der Parther und Araber, → evocatus, → triplicarius, 10 Dienstjahre, mit → dona (militaria) ausgezeichnet. Belesippus, der Bruder, hat (den Grabstein) aufgestellt.

S-H 99; AE 1976, 495; Mainz 93; aus Mainz; 1. Jh. n. Chr.

torques

Gedrehter Halsring, militärische Auszeichnung (Abb. 5, 20, 32).

translatus

Soldat, der von einer Einheit in eine
andere 'versetzt' und befördert worden
war (CIL 6, 2725 = D 2034).

trecenarius

Wahrscheinlich jemand, der 'dreimal
jeweils 100 Soldaten' befehligt hat; ein
Offizier, der die häufig belegte Ab-
folge → centurio einer → cohors vigilum, dann einer → cohors urbana und
schließlich einer → cohors praetoria
absolviert hatte (Abb. 32).

tribunus (militum legionis)

Ritterlicher oder senatorischer Stabs-
offizier. Die → legio hatte einen senatorischen tribunus (militum legionis)
laticlavius (Abb. 15) und fünf ritterliche
tribuni (militum legionis; die Bezeichnung angusticlavius findet sich in
den Inschriften nicht), also ritterliche
Offiziere unter dem → legatus legionis
(Abb. 50).

tribunus cohortis

Ritterlicher Kommandant einer → cohors (equitata oder peditata) milliaria
(Abb. 14); vgl. militia equestris.

Abb. 65 Grabstein eines → tubicen

**In einer Nische befindet sich die Büste des →
tubicen mit → tuba.**

Sibbaeus Eron/is f(ilius) tubicen ex / cohorte I
/ Ituraeorum / miles ann(orum) XXIV / stipen-
diorum / VIII h(ic) s(itus) e(st)

Sibbaeus, des Eron Sohn, → tubicen aus der
→ cohors I der Ituräer, → miles, 24 Lebensjahre, 8 Dienstjahre, ist hier bestattet.

CIL 13, 7042; aus Mainz; 1. Jh. n. Chr.

tribunus laticlavius
→ tribunus (CIL 6, 1332).

tribunus militum
→ tribunus (CIL 6, 1315 = D 59).

tribunus se(x)me(n)stris
Tribun, der nur 'sechs Monate' Dienst tat statt, wie gewöhnlich, ein Jahr; möglicherweise war er Kommandant der Legionsreiterei (CIL 9, 4885 = D 2745).

trierarchus
Kommandant einer → trieris (CIL 6, 8928 = D 2821); vgl. nauarchos.

trieris
Schiff mit drei Ruderreihen übereinander (CIL 6, 1063 = D 2178).

triplicarius
Soldat, der den dreifachen Sold des → gregarius erhielt (Abb. 64); vgl. stipendium.

triremis
→ trieris.

tuba
Lange Trompete (Abb. 65).

tubarius
Hersteller einer → tuba (Digesten 50, 6, 7).

tubicen
Trompeter, der die Befehle des Kommandeurs als Signale mit der → tuba weitergab (Abb. 65).

tunica
Untergewand, Leibrock (Abb. 11, 21).

turarius
Soldat, der für das Weihrauchopfer zuständig war (CIL 6, 31150).

turma
Unterabteilung von 32 Reitern der → ala, geführt von einem → decurio (Abb. 13, 53, 61, 66).

turmales
Angehörige ein und derselben → turma (D 2190).

Abb. 66 Mühlstein

Fragment einer Handmühle aus Basaltlava.

Tur(ma) Enni (Eigentum) der → turma des Ennius.

Junkelmann (vgl. Abb. 25) Abb. 15; aus Xanten; 1. Jh. n. Chr.

U

uncinarius
Soldat der → cohortes vigilum,
der mit einer uncina, einem hakenförmi-
gen Gerät zum Einreißen von Bauten,
tätig wurde (CIL 6, 3744).

unctor
Schiffszimmermann, der das Holz
'einrieb', also wasserdicht machte
(CIL 10, 3498 = D 2877); vgl. aupi-
ciarius.

urbanicianus
Soldat einer → cohors urbana (Scripto-
res Historiae Augustae, Caracalla 4, 6).

ursarius
Bärenfänger und -wärter in einem → vivarium (Abb. 67). Ein → centurio der
legio I Minervia aus Bonn versichert auf
einem Weihestein aus Köln, in sechs
Monaten 50 Bären gefangen zu haben:
intra men[ses] sex captis [ur]sis n(umero)
L (CIL 13, 12 048 = D 9241).

usura
Kasse, in der das → depositum aufbewahrt wurde (CIL 13, 7751).

Abb. 67 Altar eines → ursarius

Das Relief zeigt den Gott Silvanus an einen
Baumstamm gelehnt; links neben ihm steht
ein Bär.

Deo Silvano / Cessorinius / Ammausius / ursarius leg(ionis) / XXX U(lpiae) V(ictricis)
S(everianae) A(lexandrianae) v(otum) s(olvit)
l(ibens) m(erito)

Dem Gott Silvanus hat Cessorinius Ammausius,
→ ursarius der → legio XXX Ulpia, der siegreichen (mit dem Ehrennamen) Severiana Ale-
xandriana (nach Severus Alexander 222–235
n. Chr.), sein Gelübde für erwiesene Wohltat
gern erfüllt.

CIL 13, 8639; aus Xanten; 222–235 n. Chr.

V

vacatio
Befreiung von Diensten, wie vom Militärdienst (Vegetius 3,10).

valetudinarium
Lazarett (Abb. 15; CIL 13, 8011).

velarius
Schiffssoldat, der für die 'Segel' zuständig war (CIL 10, 3499 = D 2878).

venator
Tierfänger, Jäger (CIL 6, 130 = D 2091); vgl. ursarius, vestigiator.

veredarius
Postreiter, Kurier (CIL 13, 8492 = D 4630).

vestigiator
Tierfänger (CIL 3, 7449); vgl. ursarius, venator.

Abb. 68 Grabstein eines → veteranus

Im Inschriftfeld über dem Text sind Lot, Winkel und Zirkel dargestellt, also handelte es sich bei dem Soldaten möglicherweise um einen → structor.

C(aius) Tallius / C(ai filius) Fab(ia tribu) Pris/cus vetera/nus ex leg(ione) XIIII Gem(ina) anno(rum) / XLIIX stip(endiorum) XXVII / vexsillo P(ubli) Atili / Crispi h(ic) s(itus) e(st) / frater pro pi/etate pos(u)it

Gaius Tallius Priscus, des Gaius (Sohn), aus (dem Stimmbezirk) Fabia, → veteranus aus (→ ex) der → legio XIIII Gemina, 48 Lebensjahre, 27 Dienstjahre, aus dem → vexillum des Publius Atilius Crispus, ist hier bestattet. Der Bruder hat (das Grabmal) aus Ehrfurcht aufgestellt.

AE 1979, 433; S-H 88; Mainz 32; aus Mainz; 1. Jh. n. Chr.

Abb. 69 Teller

Ma[r]tialis vexil(l)ari(i)

(Eigentum) des Martialis, des → vexillarius.

Junkelmann (vgl. Abb. 25) Abb. 13; aus Moers–Asberg; 1. Jh. n. Chr.

veteranus

Der veteranus, von vetus = alt, war der nach vollendeter Dienstzeit (nach 16 Dienstjahren in der → cohors praetoria, nach 20 in der → legio, nach 25 in den → auxilia oder nach 26 in der → classis) 'ehrenvoll' entlassene Soldat; vgl. missus honesta missione. Ein veteranus gab seine ehemalige Truppe oder seinen ehemaligen Dienstgrad häufig mit → ex an. Bei seiner Entlassung erhielt er sein → depositum und die → praemia militiae. Veterani wurden zwar entlassen, aber nicht von der Dienstpflicht entbunden, sondern weitere fünf Jahre als Reserve geführt (→ missicius) und kämpften gegebenenfalls in eigenen Abteilungen (→ vexillum veteranorum, Abb. 68; CIL 5, 4903 = D 2468) in der Stärke einer → cohors pro → legio. Veteranen erhielten im Privatleben Vergünstigungen; so gehörten sie im dritten nachchristlichen Jahrhundert zu der vor Gericht teilweise bevorzugt behandelten und von entehrenden Strafen, etwa der Kreuzigung, befreiten Gruppierung der honestiores (Abb. 68). Vgl. album, conveteranus.

veterinarius
→ medicus (CIL 3, 11 215).

vex(s)illarius
Soldat eines → vexillum (AE 1957, 193).
Träger eines → vexillum, vor allem Angehöriger eines vexillum veteranorum; vgl. veteranus (Abb. 69).
Hersteller eines → vexillum (CIL 5, 5272).

vex(s)illatio
'Fähnlein', Detachement unterschiedlicher Größe, nach ihrem Feldzeichen (→ vexillum) benannte Abteilung von Soldaten einer oder mehrerer Legionen oder Auxiliareinheiten, die für unbestimmte Zeit zusammengestellt wurde (Abb. 70). Eine Inschrift nennt drei jeweils tausend Mann starke Abteilungen, vexillationes milliaris tres, dreier legiones (CIL 10, 5829 = D 2726); vgl. numerus collatus.

Abb. 70 Weihaltar einer → vexillatio

I(ovi) O(ptimo) M(aximo) / vexil(latio) / coh(ortis) I / Seq(uanorum) et Raur(icorum) / eq(uitatae) sub cur(a) / Antoni Nata/lis › (centurionis) leg(ionis) XXII P(rimigeniae) / P(iae) F(idelis) ob burg(um) ex/plic(itum) v(otum) s(olvit) l(ibens) l(aeta) m(erito)

Dem Iupiter, dem Besten und Größten, hat die berittene → vexillatio der → cohors I der Sequaner und Rauricer unter der Leitung des Antonius Natalis, des → centurio der → legio XXII Primigenia, der erfürchtigen (und) treuen, wegen der Fertigstellung des → burgus ihr Gelübde für erwiesene Wohltat gern und freudig erfüllt.

CIL 13, 6509 = D 2616; aus Schlossau; 2. Jh. n. Chr.

vexillifer
Träger des → vexillum (AE 1951, 145).

vexillum
Fahne als Standarte vor allem für die → centuria sowie für jede → turma einer → ala und die Reiter der → legio.

Begriff für die unter einem → vexillum vereinigten Soldaten einer Kampf- Besatzungs- oder Arbeitstruppe (Abb. 68); vgl. vexillatio.
Auszeichnung, Orden, in der Form einer kleinen versilberten Fahne (Abb. 32).

vexillum veteranorum
→ vexillum, veteranus, vexillarius.

victimarius
Opferdiener (CIL 13, 8292).

vigil
Soldat in der → cohors vigilum (AE 1948, 68).

virga
Bezeichnete den Personalstab eines → centurio oder → decurio (Fink 64).

vinariarius
Weinhändler oder Aufseher des Weinlagers (CIL 6, 9992).

vitis
Aus einer abgeschnittenen Weinrebe gefertigtes Erkennungs- und Ehren-abzeichen eines → centurio, ursprünglich zur körperlichen Züchtigung der Soldaten verwendet (Abb. 19, 20). Der Begriff vitis kommt gelegentlich für den Offiziersrang selbst zur Anwendung; so schildern die Angehörigen eines centurio auf dessen Grabstein: initium vitis vitae fuit finis; der Anfang des Dienstes als centurio war (zugleich) das Ende seines Lebens (CIL 8, 12128 = D 2380).

vivarium
Zoo, wie er sich gelegentlich bei den Truppen befand, um dort die in der Wildnis gefangenen Tiere bis zum Abtransport in ein Amphitheater aufzubewahren (CIL 13, 8174 = D 3265).

voluntarius
Soldat, der über die vorgeschriebene Dienstzeit hinaus diente und später 'freiwillig' aus dem Heer ausschied (Abb. 14; AE 1969/70, 583).

vulneratus
Verwundeter (AE 1991, 1162).

Summary[1]

Every museum of antiquities in what was once the Roman Empire includes in its collection objects left behind by the army. In the provinces of Upper and Lower Germany and in Raetia, no less than in other parts of the Empire, it was the soldiers that paved the way to Romanisation; and the army stamped its character on the epigraphic record. Men from very varied types of unit in this army are commemorated on dedications and tombstones: legionaries (→ *legio*[2]), auxiliaries (→ *ala, cohors, numerus*), naval personnel (→ *classis*), sometimes even members of the Rome garrison (→ *cohors praetoria, urbana, vigilum*). Just as variegated as the units were the social groups to be found in this vast organisation, serving in a great variety of positions; slaves, at any rate one shown as a soldier's servant (→ *calo*) on the tombstone of a cavalryman (→ *eques*), are represented, as well as free inhabitants of the empire not possessing Roman citizenship (→ *peregrinus*), who served in the auxiliary regiments, Roman citizens from all quarters of the mighty empire, mostly legionaries, and the officers and unit commanders, senators and knights. In this respect, the Roman army mirrored Roman society.

The Lexicon is intended to make the epigraphic evidence accessible: the numerous Latin technical terms are translated and explained. In many cases specific texts are included with the explanation, to illustrate the way these terms were used[3]. The main focus is on the words for the soldiers' appointments, ranks and duties; equipment, uniform and weapons are only dealt with when they are specifically mentioned in the inscriptions[4].

In essence, then it is the expressions that occur in inscriptions that are dealt with here. But a good many known from papyri are also taken into consideration, and there is a selection of terms used in the literary sources, especially those found in military writers such as Vegetius. The concentration on the epigraphic evidence also largely determines the chronological span, the imperial period from Augustus (27 B. C. – A. D. 14) to Diocletian (A. D. 284–305).

Inscriptions set up by people from the ancient world are evidence of their wish to tell the society in which they lived, particularly those in their immediate surroundings, about themselves and their achievements. Indeed, the very fact that one could afford an inscription in the first place was itself a sign of one's success. If one could register something over and above one's name, that raised one's prestige further. Membership in the Roman armed forces, with their numerous ranks and appointments, offered soldiers, especially, a broad range of possibilities to register their individual distinctions. The fact that we study these texts today is just what the people who set the inscriptions up had in mind – often enough the observer is invited to "Stay a while traveller, and read!" (*resta, viator et lege*, CIL 3, 371).

---

1 Für seine Hilfe bei der Übersetzung danke ich Herrn Anthony R. Birley.
2 The arrows (→) refer to the relevant entries in the Lexicon.
3 More inscriptions can be found in my database of Latin inscriptions: http://www.rz.uni-frankfurt.de/~clauss.
4 Cf. on this Vol. 36 in this series: M. Junkelmann, Muli Mariani. Marsch in römischer Legionärsrüstung über die Alpen, Aalen 1985.

Résumé[1]

Parmi les vestiges de l'Antiquité qui ne manquent dans aucun des musées des régions de l'ancien Empire Romain, on compte l'héritage militaire. Tout particulièrement dans les deux provinces de Germanie et la Rétie les corps de troupe ont été les fers-de-lance de la romanisation, et l'armée marque fortement les témoignages épigraphiques. Les membres des garnisons les plus diverses de cette armée romaine se sont immortalisés sur des inscriptions votives et funéraires: soldats de la → legio[2], soldats des unités auxiliaires – → ala, cohors, numerus – comme de la → classis, voire à l'occasion des membres des garnisons urbaines: → cohors praetoria, urbana et vigilum. Les groupes sociaux qui se trouvaient rassemblés dans ce vaste organisme et accomplissaient leur service à différents échelons, étaient aussi diversifiés que ces unités: y figurent des esclaves, au moins représentés comme → calo sur la pierre tombale d'un → eques, de même que des sujets libres de l'Empire, qui ne possédaient pas le droit de cité Romaine (→ peregrinus) et servaient dans les corps auxiliaires, que des citoyens Romains originaires des territoires les plus divers de l'immense Empire, la plupart comme légionnaires, que des chevaliers et des sénateurs, comme officiers et commandants d'unités. A cet égard, l'armée était un reflet de la société.

Le dictionnaire se propose d'aider celui qui s'intéresse à ces témoignages de l'époque romaine à se retrouver au milieu des nombreuses notions de base du vocabulaire militaire latin, qui sont traduites et commentées. Aux explications sont ajoutés, dans de nombreux cas, des exemples concrets de textes avec traduction pour illustrer l'emploi des expressions[3]. Les termes relatifs aux fonctions, aux grades et aux activités des soldats occupent la place centrale; l'équipement, l'uniforme et l'armement sont évoqués dans la mesure où il en est fait mention dans les inscriptions[4].

Il sera donc essentiellement question des notions qui apparaissent dans les inscriptions, même si celles qu'on rencontre dans les papyrus sont aussi largement prises en considération. Les termes d'usage littéraire, qui se trouvent en particulier chez des auteurs de traités militaires comme Végèce ont fait l'objet d'une sélection. De meme que nous nous sommes concentrés sur les témoignages épigraphiques, le cadre chronologique a été fixé à l'époque impériale, depuis le règne d'Auguste (27 av.– 14 ap. J. C.) jusqu'à celui de Dioclétien (284–305 ap. J. C.).

Les legs épigraphique de l'homme de l'Antiquité montre la volonté de faire connaître sa personne, son action à la société, notamment à l'entourage social immédiat. Pouvoir se payer une inscription était déjà la marque d'un succès personnel. Si l'on avait encore, outre son nom, autre chose à montrer, le prestige n'en était qu'accru. L'armée offrait, grâce aux nombreux grades et fonctions, un large éventail de possibilités de marquer sa différence. Et c'est bien aussi dans l'esprit de ces hommes que nous étudions ces textes aujourd'hui; car il n'est pas rare que l'observateur soit interpellé: *resta, viator, et lege*, arrête-toi, passant, et lit ! (CIL 3, 371).

1 Für seine Hilfe bei der Übersetzung danke ich Herrn Richard Le Roux.
2 Les (→) renvoient au terme correspondant de lexique.
3 Plus d'inscriptions peut être trouvées dans ma banque de données des inscriptions Latines: http://www.rz.uni-frankfurt.de/~clauss.
4 Cf. dans la même série, le volume no 36: M. Junkelmann, Muli Mariani, Marsch in römischer Legionärsrüstung über die Alpen, Aalen 1985.

Ausgewählte Literatur[1]

Allgemeine Darstellungen:

G. Alföldy, Die Hilfstruppen der römischen Provinz Germania Inferior (Düsseldorf 1968).

G. Alföldy, Römische Heeresgeschichte. Beiträge 1961–1985 (Amsterdam 1987).

A. S. Anderson, Roman military tombstones (Aylesbury 1984).

Y. Le Bohec (Hrsg.), La hiérarchie (Rangordnung) de l'armée romaine sous le haut-empire (Paris 1995).

G. L. Cheesman, The Auxilia of the Roman Imperial Army (Oxford 1914, ND Rom 1968).

M. Clauss, Heerwesen (Heeresreligion). Reallexikon für Antike und Christentum, 13, 1986, 1073–1113.

R. W. Davies, Service in the Roman Army (Edinburgh 1989).

A.v. Domaszewski - B. Dobson, Die Rangordnung des römischen Heeres (Köln ²1967).

R. MacMullen, The Legion as a Society. Historia 33, 1984, 440–456.

H. Nesselhauf, Umriß einer Geschichte des Obergermanischen Heeres. Jahrbuch des Römisch-Germanischen Zentralmuseums Mainz 7, 1960, 151–171.

H. D. M. Parker, The Roman Legions, (Cambridge 1928, ND 1958).

H.v. Petrikovits, Die Innenbauten römischer Legionslager während der Prinzipatszeit (Opladen 1975).

H.v. Petrikovits, Die römischen Streitkräfte am Niederrhein (Bonn 1967).

E. Stein – E. Ritterling, Die kaiserlichen Beamten und Truppenkörper im römischen Deutschland unter dem Prinzipat (Wien 1932).

G. R. Watson, The Roman Soldier (London ²1981).

G. Webster, The Roman Imperial Army (London ²1979).

L. Wierschowski, Heer und Wirtschaft. Das römische Heer der Prinzipatszeit als Wirtschaftsfaktor (Bonn 1984).

H. Zwicky, Zur Verwendung des Militärs in der Verwaltung der römischen Kaiserzeit (Winterthur 1944).

---

[1] Lexikonartikel sind in aller Regel nicht berücksichtigt; hingewiesen sei vor allen Dingen auf die entsprechenden Artikel in der 'Realencyclopädie der classischen Altertumswissenschaft' und im 'Dizionario Epigraphico di antichità Romane'.

Arbeiten zu einzelnen Einheiten oder Chargen:

aeneatores:
H. Batiffol - M. Isaac, Les règlements des collèges de musiciens de la légion IIIe d'Auguste. Revue Africaine 67, 1926, 179–200.

ala:
K. Kraft, Zur Rekrutierung der Alen und Kohorten an Rhein und Donau (Bern 1951).

annona militaris:
A. Mócsy, Das Lustrum Primipili und die Annona Militaris. Germania 44, 1966, 312–326.

aquila:
A. v. Domaszewski, Die Fahnen im römischen Heere (Wien 1885).

aquilifer:
siehe bucinator

beneficiarius:
P. Filtzinger, Römische Straßenstationen bei Sigmaringen. Fundberichte aus Schwaben 19, 1971, 175–206; J. Ott, Überlegungen zur Stellung der Beneficiarier in der Rangordnung des Römischen Heeres, in: Der römische Weihebezirk von Osterburken II (Stuttgart 1994) 233–249.

bucinator:
M. P. Speidel, Eagle-Bearer and Trumpeter. The Eagle-Standard and Trumpets of the Roman Legions Illustrated by three Tombstones recently found at Byzantion. BJ 176, 1976, 124–126.

caligatus:
J. F. Gilliam, Milites caligati. Transactions and Proceedings of the American Philological Association 76, 1946, 183–191.

Campestres.
G. L. Irby-Massie, The Roman army and the cult of the Campestres. ZPE 113, 1996, 293–300.

canalicularius:
M. Clauss, Der canalicularius. Ancient Society 6, 1975, 251–256.

centurio:
T. Wegeleben, Die Rangordnung der römischen Centurionen (Berlin 1913); E. Birley, The Origins of Legionary Centurions, in: Roman Britain and the Roman Army (Kendal 1953) 47–62; J. C. Mann, Roman legionary centurial symbols. ZPE 115, 1997, 295–298.

classis:
C. G. Starr, The Roman Imperial Navy 31 B. C. – A. D. 324 (Cambridge [2]1960, ND 1975); D. Kienast, Untersuchungen zu den Kriegsflotten der römischen Kaiserzeit (Bonn 1966); M. Reddé, Mare nostrum (Paris 1986).

cohors equitata/peditata:
siehe ala

cohors praetoria:
M. Durry, Les cohortes prétoriennes (Paris 1938, ND 1968); A. Passerini, Le coorti pretorie (Rom 1939).

cohors urbana:
H. Freis, Die cohortes urbanae (Köln 1967).

cohors vigilum:
P. K. Baillie-Reynolds, The Vigiles of Imperial Rome (Oxford 1926); R. Sablayrolles, Libertinus Miles. Les cohortes des vigiles, Rom 1996 (Collection de l'Ecole française de Rome 224).

commentariensis:
R. Haensch, A commentariis und commentariensis: Geschichte und Aufgaben eines Amtes im Spiegel seiner Titulaturen, in: Y. Le Bohec (s. o.) 267–284.

commoda:
M. P. Speidel, Cash from the Emperor. A Veteran's Gravestone at Elecik in Galatia. American Journal of Philology 104, 1983, 282–286.

cornicularius:
M. Clauss, Untersuchungen zu den principales des römischen Heeres von Augustus bis Diokletian. Cornicularii, speculatores, frumentarii (Bochum 1973).

corporis custodes:
H. Bellen, Die germanische Leibwache der römischen Kaiser des julisch-claudischen Hauses (Mainz 1981).

diploma:
W. Eck – H. Wolff (Hrsg.), Heer und Integrationspolitik. Die römischen Militärdiplome als historische Quelle (Köln – Wien 1986).

dona militaria:
V. A. Maxfield, The Military Decorations of the Roman Army (Berkeley – Los Angeles 1981).

duplicarius:
E. Sander, Zur Rangordnung des römischen Heeres: der Duplicarius. Historia 8, 1959, 239–247.

eques:
M. Kemkes – J. Scheuerbrandt, Zwischen Patrouille und Parade. Die römische Reiterei am Limes. Schriften des Limesmuseums Aalen 51 (Stuttgart 1997).

eques singularis:
M. Speidel, Die Denkmäler der Kaiserreiter. Equites singulares Augusti (Köln – Bonn 1994).

evocatus:
J. Schmidt, Die Evocati. Hermes 14, 1879, 321–353.

ex:
M. A. Speidel, Miles ex cohorte. Zur Bedeutung der mit ex eingeleiteten Truppenangaben auf Soldateninschriften. ZPE 95, 1993, 190–196.

excubatio:
O. Stoll, Excubatio ad signa. Die Wache bei den Fahnen in der römischen Armee und andere Beiträge zur kulturgeschichtlichen und historischen Bedeutung eines militärischen Symbols (St. Katharinen 1995).

frumentarius:
siehe cornicularius

imago:
siehe aquila

immunis:
C. Gatti, Alcuni tipi di immunes dell' esercito romano. Rendiconti dell'Istituto Lombardo, Classe di Lettere, Scienze morali e storiche 111, 1957, 306–317; D. J. Breeze, The Organisation of the Career Structure of the immunes and principales of the Roman Army. BJ 174, 1974, 245–292; siehe principalis

legatus legionis:
G. Alföldy, Die Generalität des römischen Heeres. BJ 169, 1969, 233–246.

legio:
E. Ritterling, Legio. Realencyclopädie der

classischen Altertumswissenschaft 12, 1924/25, 1211–1829; A. Passerini, Legio. Dizionario Epigraphico di antichità Romane 4, 1924, 549–628.

librarius:
G. R. Watson, Immunis librarius, in: Britain and Rome (Kendal 1965) 45–55.

magister:
siehe optio

medicus:
J. C. Wilmanns, Der Sanitätsdienst im Römischen Reich. Eine sozialgeschichtliche Studie zum römischen Militärsanitätswesen nebst einer Prosopographie des Sanitätspersonals (Hildesheim 1995).

mensor:
P. Arnaoud, Les *mensores* des légions: *mensores agrarii* ou *mensores frumentarii?*, in: Y. Le Bohec (s. o.) 251–256.

missio causaria:
H. Grassl, Missio causaria, in: Römische Geschichte, Altertumskunde und Epigraphik, hrsg. v. E. Weber - G. Dobesch (Wien 1985) 281–289.

missio honesta:
J. C. Mann, *Honesta missio* and the Brigetio Table. Hermes 81, 1953, 496–500.

numerus:
H. Callies, Die fremden Truppen im römischen Heer des Prinzipats und die sogenannten nationalen Numeri. Beiträge zur Geschichte des römischen Heeres. Bericht der Römisch-Germanischen Kommission 45, 1964, 130–227.

optio:
D. J. Breeze, A Note on the Use of the Titles *optio* and *magister* below the Centurionate during the Principate. Britannia 7, 1967, 127–133.

ordinarius:
J. F. Gilliam, The Ordinarii and Ordinati of the Roman Army. Transactions and Proceedings of the American Philological Association 71, 1940, 127–148.

pictor:
K. Dietz, Maler im Dienst des römischen Heeres. Bayerische Vorgeschichtsblätter 51, 1986, 221–232.

pollio:
K. Dietz, Der pollio in der römischen Legion. Chiron 15, 1985, 235–252.

prata:
A. Mócsy, Zu den prata legionis, in: Studien zu den Militärgrenzen Roms (Köln – Graz 1967) 211–214.

primus pilus:
B. Dobson, Die Primipilares. Entwicklung und Bedeutung, Laufbahnen und Persönlichkeiten eines römischen Offiziersranges (Köln 1978).

principalis:
siehe immunis

regionarius:
M. P. Speidel, Regionarii in Lower Moesia. ZPE 57, 1984, 185–188.

signum:
siehe aquila

speculator:
siehe cornicularius

statio:
H. Liebs, Expleta statione, in: Britain and Rome (Kendal 1965) 139–144; siehe beneficiarius

stipendium:
J. Jahn, Zur Entwicklung römischer Soldzahlungen von Augustus bis auf Diocletian, in: Studien zu Fundmünzen der Antike (Frankfurt 1984) 53–74.

strator:
M. P. Speidel, Stablesiani. The Raising of New Cavalry Units during the Crisis of the Roman Empire. Chiron 4, 1974, 541–546.

tabularium:
A.v. Premerstein, Die Buchführung einer ägyptischen Legionsabteilung. Klio 3, 1903, 1–46.

tiro:
G. Forni, Il reclutamento delle legioni da Augusto a Diocleziano (Mailand – Rom 1953).

trecenarius:
J. C. Mann, Trecenarius. ZPE 52, 1983, 136–140.

valetudinarium:
R. Schultze, Die römischen Legionslazarette in Vetera und anderen Legionslagern. BJ 139, 1934, 54–63.

vexillarius:
siehe vexillum

vexillatio:
R. Saxer, Untersuchungen zu den Vexillationen des römischen Kaiserheeres von Augustus bis Diokletian (Köln – Graz 1967).

vexillum:
M. Mayer, Vexillum und vexillarius. Ein Beitrag zur Geschichte des römischen Heerwesens (Freiburg 1910).

Abkürzungsverzeichnis

AE – Année Epigraphique

BGU – Aegyptische Urkunden aus den Königlichen (später: Staatlichen) Museen zu Berlin, Griechische Urkunden (Berlin) 1895 ff.

BJ – Bonner Jahrbücher.

CIL – Corpus Inscriptionum Latinarum.

D – H. Dessau, Inscriptiones Latinae Selectae (Berlin 1893–1916).

Denkmäler – M. Speidel, Die Denkmäler der Kaiserreiter. Equites singulares Augusti (Köln – Bonn 1994).

Digesten – Digestae Iustiniani Augusti.

F.-H. Finke, Neue Inschriften. Bericht der Römisch-Germanischen Kommission 17, 1927, 1–107; 198–231.

Fink – R. O. Fink, Roman Military Records on Papyrus (London 1971).

Mainz – Römische Steindenkmäler. Mainz in römischer Zeit. Katalog zur Sammlung in der Steinhalle (Mainz 1988).

ND – Nachdruck.

P. Mich. – Michigan Papyri.

RIB – R. G. Collingwood – R. P. Wright, The Roman Inscriptions of Britain. I: Inscriptions on Stone (Oxford ²1995).

RIT – G. Alföldy, Die römischen Inschriften von Tarraco (Berlin 1975).

RSK – B. und H. Galsterer, Die römischen Steininschriften aus Köln (Köln 1975).

S-H – U. Schillinger-Häfele, Vierter Nachtrag zu CIL XIII und zweiter Nachtrag zu Fr. Vollmer, Inscriptiones Baivariae Romanae. Inschriften aus dem deutschen Anteil der germanischen Provinzen und des Treverergebietes sowie Rätiens und Noricums. Bericht der Römisch-Germanischen Kommission 58, 1977, 447–603.

Vegetius – Vegetius, Epitomae rei militaris libri IV.

Walser – G. Walser, Römische Inschrift-Kunst (Stuttgart 1988).

ZPE – Zeitschrift für Papyrologie und Epigraphik.

Abbildungsnachweis

Umschlag: DAI Rom
1. ab actis: DAI Madrid
2. aera: LM Mainz
3. ala – cornu: RGZM Mainz
4. aquila: WLM Stuttgart
5. aquilifer: RGZM Mainz
6. architectus: RGZM Mainz
7. armillae: WLM Stuttgart
8. balteus – miles legionis: Museum Wiesbaden
9. beneficiarius: Museum Wiesbaden
10. beneficiarius: WLM Stuttgart
11. bucinator: DAI Istanbul
12. burgus: DAI Rom
13. calo – eques: Rheinisches Bildarchiv Köln
14. campestres: WLM Stuttgart
15. castra: Petrikovits, Innenbauten, Taf. 1 b
16. cataphractarius – eques: Städtisches Museum Worms
17. centenarius: Musée de la Civilisation Gallo–Romaine Lyon
18. centuria – miles cohortis: Rheinisches Bildarchiv Köln
19. centurio: Colchester Museums
20. centurio: BJ 114/115, 1906, 18 fig. 13
21. cingulum – miles legionis: RGZM Mainz
22. cohors praetoria: Denkmäler Nr. 744
23. consularis – legatus Augusti: Landesmuseum Mainz
24. contubernium: LDA Baden–Württemberg
25. contubernium: LDA Baden–Württemberg
26. cornicularius: DAI Madrid
27. corona – signa: DAI Rom
28. cura – explorator: Museum der Stadt Aschaffenburg
29. custos armorum: LM Mainz
30. decurio: DAI Rom
31. diploma: Prähistorische Staatssammlung München
32. dona militaria: BJ 114/115, 1906, 33 und 35 fig. 22 und 23
33. eques: LM Mainz
34. exactus: Römisches Museum Augsburg
35. explorator: Kurpfälzisches Museum Heidelberg
36. genius: Saalburgmuseum
37. imaginifer: RGZM Mainz
38. legatus: LM Mainz
39. Karte der Legionslager: WLM Stuttgart
40. liburna: DAI Rom
41. magister: RLM Bonn
42. missicius: LM Mainz
43. missio: LM Mainz
44. naupegus: LM Mainz
45. numerus: LM Mainz
46. optio: RIB 492
47. pecuarius: Rheinisches Bildarchiv Köln
48. phalerae: LM Mainz
49. pollio – schola: Musée de la civilisation Gallo-Romaine Lyon
50. praefectus alae – militia equestris: DAI Rom
51. praefectus legionis: LM Mainz
52. primus pilus – praefectus castrorum: Domaszewski, Fahnen (siehe aquila) fig. 5
53. protector: Soprintendenza Ant. Etruria
54. pteryges: RGZM Mainz
55. sagittarius: LM Mainz
56. sesquiplicarius: Soprintendeza Arch. Roma
57. signifer: RLM Bonn
58. singularis: Römisches Museum Augsburg
59. speculator: RGZM Mainz
60. stipendium: LM Mainz
61. stipendium – Soldquittung: Vindonissa Museum, Brugg
62. strator: LM Mainz
63. tesserarius: The Excavations at Dura-Europos. Preliminary Report of Sixth Season of Work, London 1936, Tafel 44, 2.
64. triplicarius: LM Mainz
65. tubicen: Reiss-Museum Mannheim
66. turma: Archäologischer Park/Regionalmuseum Xanten
67. ursarius: RLM Bonn
68. veteranus: RGZM Mainz
69. vexillarius: Kultur- und Stadthistorisches Museum der Stadt Duisburg
70. vexillatio: BLM Karlsruhe